Duda · Grau · Guerrero · Scharnagl · Schlett

Neu als Datenschutzbeauftragter

So starten Sie erfolgreich in Ihre neue Aufgabe!

Bibliografische Informationen der Deutschen Nationalbibliothek

Die Deutsche Nationalbibliothek verzeichnet diese Publikation in der Deutschen Nationalbibliografie; detaillierte bibliografische Daten sind im Internet über http://www.dnb.de abrufbar.

Bei der Herstellung des Werkes haben wir uns zukunftsbewusst für umweltverträgliche und wiederverwertbare Materialien entschieden. Der Inhalt ist auf chlorfrei gebleichtes Papier gedruckt.

ISBN 978-3-609-69398-9

E-Mail: kundenservice@ecomed-storck.de

Telefon: +49 89/2183–7922

Telefax: +49 89/2183–7620

1. Auflage
© 2018 ecomed SICHERHEIT,
eine Marke der ecomed-Storck GmbH, Landsberg am Lech

www.ecomed-storck.de

Dieses Werk, einschließlich aller seiner Teile, ist urheberrechtlich geschützt. Jede Verwertung außerhalb der engen Grenzen des Urheberrechtsgesetzes ist ohne Zustimmung des Verlages unzulässig und strafbar. Dies gilt insbesondere für Vervielfältigungen, Übersetzungen, Mikroverfilmungen und die Einspeicherung und Verarbeitung in elektronischen Systemen.

Titelbild: hombosan-fotolia.com
Bildnachweis: alle 3D-Grafiken fotolia.com

Satz: Fotosatz Pfeifer, 82152 Krailling
Druck: Westermann Druck Zwickau GmbH

Vorwort

Geschätzte Leserin, geschätzter Leser,

vermutlich haben Sie dieses Buch gekauft – oder es wurde Ihnen bereitgestellt – weil Sie kürzlich in die Rolle des oder der Datenschutzbeauftragten geschlüpft sind. Sie wurden also – so sollte es jedenfalls sein – benannt.

Es ist, vor allen Dingen anfangs, ein nicht einfacher Job, den Sie hier übernehmen werden. Ganz gleich, ob Sie nun im Haupt- oder Nebenamt diese Aufgabe erfüllen sollen; sie wird Sie fordern. Sie werden auch feststellen dürfen, dass bisweilen Unmögliches von Ihnen verlangt wird, „auf Knopfdruck" fertiggestellt sein soll und bitte auch zum angefragten Ziel passende Antworten gewünscht werden.

Kollegen, Kolleginnen, Vorgesetzte und Externe werden mit mehr oder weniger hilfreichen Angaben auf Sie zukommen und die wage Idee haben, dass es doch nun bitte Sie sein sollen, die das vorliegende Problem zu lösen haben. Ihre Aufgabe jedoch ist es, zu beraten und zu prüfen bzw. zu überwachen. Und eben gerade nicht, für andere den Kopf hinzuhalten oder gar eine Freigabe für etwas zu erteilen.

Wir, mein Team und ich, begleiten Tag für Tag Datenschutzbeauftragte mit ganz unterschiedlichen Gewichtungen und Vorwissen. Und wir sind selbst als Datenschutzbeauftragte in ganz verschiedenen Unternehmen, Behörden und Institutionen, wie auch Vereinen am Werke.

An dieser Erfahrung möchten wir Sie mit diesem Buch teilhaben lassen. In verständlichen Worten, mit Hilfen zur Hand, die Sie im Internet oder Büchern finden oder eben auch mit ganz konkreten Prüfkatalogen oder Handreichungen, die wir Ihnen hier im Buch bereitstellen werden.

Wir werden sehr gezielt versuchen, mal die männliche und mal die weibliche Version, bzw. Anrede in unseren Texten oder Beispielen zu verwenden. Denn erfreulicher Weise ist der Datenschutz ein Bereich, der in sich keinerlei Tendenz belegt. Im Übrigen wird aber, um den Lesefluss zu erleichtern, in den Texten die männliche Schreibweise (z. B. Datenschutzbeauftragter) verwendet, obwohl selbstverständlich immer auch die weiblichen Funktionsträgerinnen und Mitbürgerinnen gemeint sind.

Ich bilde seit vielen Jahren Datenschutzbeauftragte aus. Und zu Anfang all meiner Seminare gebe ich immer dasselbe Motto aus: Um als Datenschutzbeauftragte Freude und ein ausgeglichenes Fortkommen zu empfinden, sollten Sie idealerweise über drei Eigenschaften verfügen:

- Geduld,
- Humor und
- Frustrationstoleranz.

Sie haben, so nehmen es mein Team und ich wahr, eine großartige Rolle übernommen! Denn der bzw. die Datenschutzbeauftragte

- erlebt beständig Neues,
- ist eine Stabsfunktion mit allem Für und Wider,
- ist ein fachliches Querschnittgenie,
- sucht und findet Zusammenhänge,
- gewinnt durch Fragen.

Damit hat man als Datenschutzbeauftragter wohl eine der abwechslungsreichsten Aufgaben, die man sich vorstellen kann.

Ihnen viel Erfolg und … bleiben Sie wissbegierig!

Ihre Daniela Duda

Inhaltsverzeichnis

1 **Der Datenschutzbeauftragte –
Rolle und Aufgaben** 11

    1.1   Die Benennung des Datenschutzbeauftragten 11
    1.1.1 Wie wird man eigentlich Datenschutzbeauftragter? 11
    1.1.2 Wann muss ein Unternehmen einen Datenschutzbeauftragten benennen? 13
    1.2   Die Rolle des Datenschutzbeauftragten –
           Bin ich jetzt für den Datenschutz verantwortlich? 14
    1.2.1 Die Aufgaben des Datenschutzbeauftragten –
           Was muss ich konkret tun? 15
    1.2.2 Was muss ich im Rahmen meiner Beratungs- und Unterrichtungspflicht tun? 15
    1.2.3 Persönliche Voraussetzungen des Datenschutzbeauftragten –
           Passt die Aufgabe zu mir? 17

2 **Struktur und Verantwortlichkeit** 20

    2.1   Compliant – nur ein Modewort? 21
    2.1.1 Was hat Datenschutz mit einem Compliance Management System zu tun? 21
    2.1.2 CMS – Was bedeutet das für den Datenschutz in Ihrem Unternehmen? 22
    2.1.3 Welche Schritte sind zu gehen? 22
    2.1.4 Welche konkreten Aufgaben folgen? 23
    2.2   Governance-Struktur – Auf mehrere Schultern verteilen – Unterstützer
           sichern 23
    2.2.1 Datenschutzziele 23
    2.2.2 Datenschutzleitlinie 24
    2.2.3 Vorlage für eine Leitlinie 25

3 **Das Verzeichnis von Verarbeitungstätigkeiten (VVT)** 28

    3.1   Was ist eigentlich eine „Verarbeitungstätigkeit"? 29
    3.2   Muss jedes „Verarbeiten" einzeln dokumentiert werden? 30
    3.3   Die Summe der Verarbeitungstätigkeiten = das VVT 31
    3.4   Beispiele für typische Verarbeitungstätigkeiten 32
    3.5   Wozu braucht es ein VVT? 34
    3.6   Muss jeder Betrieb ein VVT führen? 35

3.7	Erstellt man ein VVT „nur" für die Aufsichtsbehörde?	35
3.8	Das VVT als wichtigstes Werkzeug des Datenschutzbeauftragten	36
3.9	Welche Angaben benötigt ein VVT, damit es nicht nur fürs Gesetz genügt, sondern auch für die Praxis sinnvoll ist?	37
3.10	Wie sieht so eine Dokumentation einer Verarbeitungstätigkeit ganz konkret aus?	38
3.11	Was hat es mit dem VVT für Auftragsverarbeiter auf sich?	40

4 Einbindung externer Dienstleister ... 42

4.1	Verschiedene „Arten" von externen Dienstleistern	42
4.2	Wer sind die beteiligten Parteien?	45
4.3	Wann ist ein Vertrag zur Auftragsverarbeitung erforderlich?	46
4.3.1	Warum sollten bestehende Verträge mit Dienstleistern an die DS-GVO angepasst werden?	46
4.3.2	Was ist auf Seiten des Auftraggebers zu beachten?	47
4.4	Auswahl des Auftragnehmers	48
4.5	Vertragliche Regelungen der Auftragsverarbeitung – Pflichten des Auftragnehmers	48
4.5.1	Weisungen	49
4.5.2	Verpflichtung auf das Datengeheimnis	49
4.5.3	Unterauftragnehmer	49
4.5.4	Unterstützungspflichten bei Beantwortung von Anfragen	49
4.5.5	Löschung nach Vertragsbeendigung	50
4.5.6	Pflicht zur Bereitstellung von Informationen und Ermöglichung von Überprüfungen	50
4.5.7	Weitere Dokumentationspflichten des Auftragnehmers	50
4.6	Prozessbeschreibung Einbindung neuer Dienstleister	51

5 Informationspflichten und Betroffenenrechte ... 52

5.1	Informationspflichten	52
5.1.1	Wann ist zu informieren?	53
5.1.2	Über was ist zu informieren?	54
5.1.3	Wie ist zu informieren?	55
5.1.4	5 konkrete Umsetzungsschritte in der Praxis	57
5.2	Betroffenenrechte	57
5.2.1	Welche Rechte hat der Betroffene?	57
5.2.2	In welchem Zeitraum sind die Betroffenenrechte zu erfüllen?	61

5.2.3 Implementierung eines Prozesses zur Erfüllung
der Betroffenenrechte 62
5.2.4 5 konkrete Umsetzungsschritte in der Praxis 63

6 Technische und organisatorische Maßnahmen (TOMs) 65
6.1 Was sind technische und organisatorische Maßnahmen? 66
6.2 Inhalt der technischen und organisatorischen Maßnahmen 68
6.3 Bewertung der Wirksamkeit/Auswahl geeigneter technischer und organisatorischer Maßnahmen/Risikobewertung 69
6.3.1 Stand der Technik 70
6.3.2 Implementierungskosten 70
6.3.3 Art, Umfang, Umstand und Zweck der Verarbeitung 71
6.3.4 Kann man Risiko berechnen? 72
6.4 Löschkonzept 74
6.4.1 Aufbewahrungsfristen 74
6.4.2 DIN 66398 75
6.4.3 Schritt für Schritt zum Löschkonzept 75
6.5 Datenschutzmanagement-System 76
6.5.1 Planen (Plan) 77
6.5.2 Umsetzen (Do) 78
6.5.3 Prüfen (Check) 78
6.5.4 Reagieren (Act) 78
6.5.5 Datenschutzmanagement-Software 79
6.6 Datenschutzfolgenabschätzung 79
6.6.1 Was ist eine Datenschutzfolgenabschätzung? 80
6.6.2 Wie ist eine Datenschutzfolgenabschätzung durchzuführen? . 81
6.6.3 Unterstützung für die Durchführung einer Datenschutzfolgenabschätzung 86

7 Umgang mit Datenschutzverstößen 87
7.1 Was sind Datenschutzverstöße? 87
7.2 Meldung an die Aufsichtsbehörde 89
7.3 Meldung an die betroffenen Personen 90
7.4 Prozess zur Meldung von Datenschutzverstößen 91

8 Alltag als DSB – fortlaufende Maßnahmen 92

9 Arbeitshilfen 94

9.1	Benennungsurkunde für Datenschutzbeauftragte	96
9.2	Verpflichtungserklärung zur Einhaltung der datenschutzrechtlichen Anforderungen nach DS-GVO	97
9.3	DS-GVO – Compliance Planung	103
9.4	Datenschutz-Governance-Struktur	105
9.5	Festlegung der Datenschutzziele	108
9.6	Musterdatenschutzerklärung für Websitebetreiber nach den Vorgaben der DS-GVO	109
9.7	Muster zur Erhebung der Informationspflichten bei personenbezogenen Daten der Beschäftigten	112
9.8	Technische und organisatorische Maßnahmen gemäß Artikel 32 DS-GVO	114
9.9	Verzeichnis von Verfahrenstätigkeiten	115
10	**Glossar**	116
11	**Literatur**	120
12	**Stichwortverzeichnis**	122

1 Der Datenschutzbeauftragte – Rolle und Aufgaben

1.1 Die Benennung des Datenschutzbeauftragten

1.1.1 Wie wird man eigentlich Datenschutzbeauftragter?

Die Antwort ist ganz einfach. Man wird zum Datenschutzbeauftragten benannt. Was heißt das genau? Tatsächlich gibt es vom europäischen Gesetzgeber keine formalen Kriterien für die Benennung eines Datenschutzbeauftragten. Im Gesetz heißt es lediglich: „*Der Verantwortliche und der Auftragsverarbeiter* **benennen** *auf jeden Fall einen Datenschutzbeauftragten, wenn …*"

Die Benennung ist durch die Veröffentlichung der Kontaktdaten und die Mitteilung an die Aufsichtsbehörden in formeller Hinsicht jedenfalls vollzogen. Durch die Veröffentlichungs- und Mitteilungspflicht soll den Betroffenen und Aufsichtsbehörden eine einfache, direkte und vertrauliche Kommunikation mit dem Datenschutzbeauftragten ermöglicht werden. Vor diesem Hintergrund sollten Kontaktmöglichkeiten für Betroffene sowohl intern (z.B. per E-Mail, Informationsrundschreiben, Intranet, Organigramm oder Aushang) als auch extern (z.B. Webseite, Kundeninformation) ausreichend kommuniziert werden.

Zu empfehlen ist die Bereitstellung der postalischen Adresse sowie einer entsprechenden E-Mail-Adresse und Telefonnummer. Nicht zwingend soll demgegenüber die Veröffentlichung oder Mitteilung des Namens des Datenschutzbeauftragten sein. Gleichwohl kann die Bekanntgabe des Namens gegenüber Aufsichtsbehörden und Beschäftigten sinnvoll und zweckmäßig erscheinen.

Dennoch: Ein Mitarbeiter kann durch ein einfaches „mit heutigem Tag bist Du nun unser neuer Datenschutzbeauftragter" zum Datenschutzbeauftragten benannt werden. Allerdings empfiehlt es sich, zu Nachweiszwecken die Benennung schriftlich zu formalisieren und eine „Benennungsurkunde" mit Unterschrift der Geschäftsleitung in zweifacher Ausfertigung zu erstellen. Eine Ausfertigung erhält dann der neue benannte Datenschutzbeauftragte. Kapitel 9.1 enthält das Muster einer Benennungsurkunde für Datenschutzbeauftragte.

Es empfiehlt sich, in diesem Dokument oder dem Arbeitsvertrag auch folgende Aspekte zu regeln:
- den Zeitpunkt der Wirksamkeit der Benennung,
- die vom Datenschutzbeauftragten übernommenen gesetzlichen und gegebenenfalls zusätzlich vertraglich vereinbarten Aufgaben,
- das zur Verfügung gestellte Zeitkontingent,
- die zur Verfügung gestellten Ressourcen.

Der Datenschutzbeauftragte ist der zuständigen Aufsichtsbehörde zu melden. Hierzu stellen manche Aufsichtsbehörden vereinzelt auch Online-Formulare[1] bereit.

---

[1] Da sich derzeit die Adressen zu diesen Seiten noch öfter zu ändern scheinen, haben wir uns gegen eine Auflistung entschieden.

1.1.2 Wann muss ein Unternehmen einen Datenschutzbeauftragten benennen?

Mit Artikel 37 Abs. 1 DS-GVO greift eine europaweit geltende Pflicht zur Benennung eines Datenschutzbeauftragten. Danach benennen der Verantwortliche und der Auftragsverarbeiter auf jeden Fall einen Datenschutzbeauftragten, wenn

- die Verarbeitung von einer **Behörde oder öffentlichen Stelle** durchgeführt wird, mit Ausnahme von Gerichten, die im Rahmen ihrer justiziellen Tätigkeit handeln,
- die **Kerntätigkeit** des Verantwortlichen oder des Auftragsverarbeiters in der Durchführung von Verarbeitungsvorgängen besteht, welche aufgrund ihrer Art, ihres Umfangs und/oder ihrer Zwecke **eine umfangreiche regelmäßige und systematische Überwachung** von betroffenen Personen erforderlich machen oder
- die **Kerntätigkeit** des Verantwortlichen oder des Auftragsverarbeiters in der **umfangreichen Verarbeitung besonderer Kategorien von Daten** gemäß Artikel 9 DS-GVO oder von personenbezogenen Daten über **strafrechtliche Verurteilungen und Straftaten** gemäß Artikel 10 DS-GVO besteht.

Ergänzt wird diese Regelung in Deutschland durch § 38 BDSG, wonach ein Datenschutzbeauftragter zu benennen ist, wenn in der Regel mindestens zehn Personen ständig mit der automatisierten Verarbeitung personenbezogener Daten beschäftigt sind.

In Bezug auf die Anzahl der mit der Verarbeitung beschäftigten Personen ist zu beachten, dass die Arbeitnehmereigenschaft der beschäftigten Personen nicht entscheidend ist. Neben Vollzeitbeschäftigten sind daher z.B. auch Teilzeitbeschäftigte, Leiharbeiter, Auszubildende und Praktikanten bei der Kalkulation der zehn Personen zu berücksichtigen.

Unter „ständiger Beschäftigung" kann bereits der Zugang zu einem unternehmenseigenen E-Mail-Account mit verbundenen Adressbuch oder die Arbeit mit Materiallisten und dem darauf befindlichen Aufdruck einer Ansprechpartnerin beim Kunden verstanden werden.

Sind weniger als zehn Personen mit der Verarbeitung personenbezogener Daten beschäftigt, dann besteht nach BDSG nur in wenigen Ausnahmefällen dennoch eine Benennungspflicht – nämlich dann, wenn personenbezogene Daten geschäftsmäßig zum Zwecke der Übermittlung, der anonymisierten Übermittlung oder für Zwecke der Markt- und Meinungsforschung verarbeitet werden.

Die Benennungspflicht gilt sowohl für Verantwortliche als auch für Auftragsverarbeiter. Da weder die DS-GVO noch das BDSG eine Frist zur Benennung des Datenschutzbeauftragten enthalten, hat die Benennung unverzüglich zu erfolgen, wenn die Voraussetzungen vorliegen.

1.2 Die Rolle des Datenschutzbeauftragten – Bin ich jetzt für den Datenschutz verantwortlich?

Grundsätzlich trägt nur die Unternehmensleitung die Verantwortung („Verantwortlicher") für die Einhaltung der Datenschutzbestimmungen, sowohl nach innen als auch nach außen. Der Datenschutzbeauftragte ist nach der Systematik der DS-GVO lediglich beratend und überwachend tätig. In dieser Funktion berät er auch das Management und ist Schnittstelle zur Aufsichtsbehörde.

Die unabhängige Stellung des Datenschutzbeauftragten ist für eine wirkungsvolle Tätigkeit ausschlaggebend. Der europäische Gesetzgeber hat daher Regelungen geschaffen, die hier bestimmte Privilegien einräumen. Das BDSG übernimmt, sofern die DS-GVO nicht anwendbar ist, für Datenschutzbeauftragte gleichlautende Regelungen und ergänzt bereits in der DS-GVO angelegte.

Insgesamt stellen sich folgende Anforderungen an die organisatorische und personelle Konstellation:

Anforderungen von Unternehmen an Datenschutzbeauftrage
- Sicherstellung der ordnungsgemäßen und frühzeitigen Einbindung
- Bereitstellung erforderlicher Ressourcen
- Gewährleistung der Weisungsfreiheit und Unabhängigkeit
- Abberufungs- und Kündigungsschutz
- Festlegung unmittelbarer Berichtswege zur höchsten Führungsebene

Anforderungen an Datenschutzbeauftrage
- Direktes Anrufungsrecht der Betroffenen
- Ausschluss des Interessenkonfliktes
- Erster Adressat zur Zusammenarbeit mit der Aufsichtsbehörde
- Von jeder Niederlassung aus der leicht erreichbar (Sprache/Hilfspersonal)

1.2.1 Die Aufgaben des Datenschutzbeauftragten – Was muss ich konkret tun?

Die Aufgaben des Datenschutzbeauftragten lassen sich mit folgenden drei Aufgaben zusammenfassen:

Kontroll-, Hinweis- und Beratungspflichten.

Die Überwachung der Einhaltung der gesetzlichen Bestimmungen bedeutet aber nicht, dass der Datenschutzbeauftragte persönlich verantwortlich ist, wenn ein Verstoß gegen datenschutzrechtliche Bestimmungen festgestellt würde. Die Einhaltung des Datenschutzes ist die unternehmerische Pflicht des Verantwortlichen/Auftragsverarbeiters und nicht des Datenschutzbeauftragten.

Unabhängig von der Frage der Umsetzungsverantwortung obliegt dem Datenschutzbeauftragten gleichwohl die Erfüllung der in der DS-GVO und dem BDSG genannten Aufgaben. Es wird daher dringend dazu angeraten, dass der Datenschutzbeauftragte eigenständig Beratungs- und Überwachungsmaßnahmen dokumentiert, um nachweisen zu können, dass er die ihm obliegenden Aufgaben ordnungsgemäß erfüllt hat.

1.2.2 Was muss ich im Rahmen meiner Beratungs- und Unterrichtungspflicht tun?

Gem. Art. 39 Abs. 1 lit. a DS-GVO muss der Datenschutzbeauftragte den Verantwortlichen bzw. Auftragsverarbeiter sowie die konkret mit der Datenverarbeitung Beschäftigten hinsichtlich ihrer Pflichten nach der DS-GVO sowie nach den sonstigen Datenschutzvorschriften der Europäischen Union bzw. der Mitgliedstaaten unterrichten und beraten.

Was genau versteht aber der Gesetzgeber unter unterrichten und beraten?

Die Unterrichtungspflicht verlangt, dass der Datenschutzbeauftragte proaktiv die Management- oder Leitungsebene und Beschäftigte auf datenschutzrelevante Anforderungen, Änderungen und Risiken hinweist. Die DS-GVO fordert aber auch, dass er bzw. sie über Vorgänge informiert wird.

Es ist nicht zwingend Aufgabe des Datenschutzbeauftragten, Beschäftigtenschulungen oder sonstige Sensibilisierungsmaßnahmen durchzuführen. Wohl aber muss er entsprechende Maßnahmen und deren Wirksamkeit überwachen und kann – wenn es sinnvoll scheint, diese Schulungen selbst halten.

Wie geht das mit dem Überwachen und Kontrollieren?

Grundsätzlich gilt, dass der Datenschutzbeauftragte die Einhaltung der einschlägigen nationalen und europäischen Datenschutzvorschriften im Unternehmen kontrollieren kann. In der Regel kann die Kontrolle durch angekündigte aber auch unangekündigte Vorort-Prüfungen oder „Audits" erfolgen, insbesondere dadurch, dass ihm Einblick in das Verzeichnis der Verarbeitungstätigkeiten gewährt wird.

Neben der Kontrolle der Wahrung des Datenschutzrechts obliegt den Datenschutzbeauftragten aber auch die Überwachung der Einhaltung der Strategien bzw. Regeln und Richtlinien, die sich Unternehmen selbst auferlegen. Hierzu können z.B. Betriebsvereinbarungen, Arbeitsanweisungen, Industriestandards, Code of Conducts usw. gehören.

Ein Beispiel für eine solche Kontrolle:

Existiert im Unternehmen ein wirksamer Ablauf, um neue Beschäftigte oder solche, die den Bereich wechseln, darauf zu verpflichten, dass diese personenbezogene Daten ausschließlich auf Weisung des Verantwortlichen verarbeiten dürfen? (Nebenfrage: Wo finde ich diese Weisungen als Beschäftigter?). Idealerweise wird eine solche Erklärung unterzeichnet in der Personalakte abgelegt. Das Muster einer Verpflichtungserklärung zur Einhaltung der datenschutzrechtlichen Anforderungen nach DS-GVO finden Sie in Kapitel 9.2.

Schließlich erstreckt sich die Kontrollbefugnis der Datenschutzbeauftragten auch auf die interne Zuständigkeitsverteilung. Ist diese wirksam, sinnvoll, dokumentiert, gelebt?

Das Ergebnis der Kontrolle sollte ein regelmäßiger Datenschutzbericht an die höchste Management- oder Leitungsebene sein. Hier können auch der Reifegrad der internen Datenschutzorganisation und Maßnahmen zur Verbesserung des Datenschutzniveaus aufgezeigt werden.

Zusammenarbeit mit der Aufsichtsbehörde? – Gefahr im Verzug?

Der Datenschutzbeauftragte ist ausdrücklich zur Zusammenarbeit mit der Aufsichtsbehörde verpflichtet. Er ist zentrale Anlaufstelle für Betroffene, Verantwortliche, Auftragsverarbeiter und eben auch Aufsichtsbehörden. Allerdings ist er in erster Linie interne Kontrollinstanz und sollte daher zunächst versuchen, Maßnahmen zur Beseitigung von Datenschutzverstößen intern zu klären. Das Recht, sich an die Aufsichtsbehörde zu wenden, hat er jedenfalls. Das besondere Vertrauensverhältnis zwischen Unternehmen und Datenschutzbeauftragten erfordert es jedoch, dass datenschutzrechtliche Probleme erst einmal intern besprochen werden.

Die Aufsichtsbehörden wiederum haben ihrerseits die Möglichkeit, sich direkt an den Datenschutzbeauftragten zu wenden, ohne vorab die Management- oder Leitungsebene der jeweiligen Unternehmen kontaktieren zu müssen.

Risikoorientierte Aufgabenerfüllung: Was ist das?

Grundlage ist der risikobasierte Ansatz der DS-GVO. Der Datenschutzbeauftragte hat bei der Erfüllung seiner Aufgaben **dem mit den Verarbeitungsvorgängen verbundenen Risiko** gebührend Rechnung zu tragen. Es gilt also abzuwägen und aufgrund dieser Abwägung eine Entscheidung zu treffen. Hier empfehlen wir die Informationen zum Thema „Risiko" und den sog. Technischen Organisatorischen Maßnahmen (TOMs) in Kapitel 6.3, in welchem diese Abwägung behandelt wird.

Gibt es weitere Aufgaben?

Dem Datenschutzbeauftragen können über den gesetzlich vorgeschriebenen Katalog hinaus weitergehende Aufgaben übertragen werden. Unternehmen können die Rolle des Datenschutzbeauftragten proaktiver ausgestalten. Dem Datenschutzbeauftragten können beispielsweise die Pflicht zur Führung des Verzeichnisses der Verarbeitungstätigkeiten und die generelle Beantwortung von Auskunfts- und Löschgesuchen übertragen werden. Weitergehend vereinbarte Aufgaben sollten allerdings (z.B. in der Benennungsurkunde oder einer Datenschutz-Leitlinie) schriftlich festgehalten werden.

1.2.3 Persönliche Voraussetzungen des Datenschutzbeauftragten – Passt die Aufgabe zu mir?

Sie als Datenschutzbeauftragter sollten neben den fachlichen Voraussetzungen auch einige persönliche Voraussetzungen mitbringen. Zu den fachlichen Voraussetzungen äußern sich weder die DS-GVO noch das neue BDSG konkret.

Fachlich ...

Als Mindestanforderung sollte der Datenschutzbeauftragte jedenfalls rechtliche, technische und organisatorische Kenntnisse vorweisen können.

In diesem Zusammenhang ist zu empfehlen, dass Sie als neuer Datenschutzbeauftragter im Rahmen der Benennung auf ggf. noch erforderliche Schulungsmaßnahmen aufmerksam machen, damit Sie Ihren Fachkundenachweis führen können.

Eine sinnvolle Einführungsschulung für Datenschutzbeauftragte sollte mindestens dreitägig sein und durch einen renommierten Anbieter erfolgen.

Das Wissen aus der Initialschulung sollte zeitnah durch weitere Schulungen spezialisiert werden. Denn je nachdem in welcher Branche Sie tätig sind, können sich verschiedene Schwerpunkte ergeben. Die Weiterbildungsmaßnahmen sind darüber hinaus in einem regelmäßigen Turnus (ein- bis zweimal jährlich) zu planen, damit auch die Weiterentwicklung (z.B. durch Rechtsprechung) des Datenschutzrechtes nicht aus den Augen verloren wird.

Persönlich...

Darüber hinaus sollte der Datenschutzbeauftragte frei von Interessenskonflikten sein. Ein Interessenkonflikt liegt dann vor, wenn eine Person mindestens zwei Rollen bzw. Aufgaben erfüllt, die zwei inkompatible Ziele (z.B. Budgetverantwortung, Entscheidung über Einführung von Software, Einstellung von Personal) verfolgen. Folgende Positionen stehen daher der allgemeinen Auffassung nach zu den Aufgaben des Datenschutzbeauftragten in einem Interessenskonflikt:

- Geschäftsleitung, z.B. Vorstand oder Geschäftsführer
- Betriebsleiter
- Leiter der EDV
- Leiter der Personalabteilung / Personalchef
- IT Sicherheitsbeauftragte

Schließlich ergibt sich aus der Aufgabenstellung des Datenschutzbeauftragten als Ansprechpartner des Unternehmens und der betroffenen Personen, dass er persönlich integer und durchsetzungsstark zu sein hat.

Vertraulichkeit gewährleisten – ein Selbstverständnis

Der Datenschutzbeauftragte muss sich natürlich jedenfalls selbst ein Arbeitsumfeld schaffen, in welchem gewährleistet ist, dass

- Telefonate mit Betroffenen vertrauensvoll geführt werden können,
- ausschließlich der Datenschutzbeauftragte und ggf. sein Vertreter Zugriff zu datenschutzrelevanten E-Mails haben (Trennung des E-Mail-Postfaches vom „normalen" Arbeitspostfach),
- sensible Unterlagen auf dem Schreibtisch nicht eingesehen werden können,
- er auch selbst als Vorbild agiert (Sperre des Bildschirms, datensparsames Arbeiten …).

2 Struktur und Verantwortlichkeit

Die Datenschutz-Grundverordnung (DS-GVO) weist Ihnen die Aufgabe zu, die Einhaltung der Datenschutzvorschriften sowie der Strategien des Verantwortlichen, also Ihres Unternehmens, für den Schutz personenbezogener Daten zu überwachen, einschließlich der Zuweisung von Zuständigkeiten (…) und die diesbezüglichen Überprüfungen (Art. 39 lit. b DS-GVO) durchzuführen und zu dokumentieren.

In Verbindung mit den vorgestellten Aufgaben aus dem vorherigen Kapitel wird damit deutlich: Es muss eine Verantwortlichkeitsstruktur geschaffen werden, auf die Sie Ihr Handeln und Ihre Prüfungen stützen können.

> Aus unserer Erfahrung dürfen wir Ihnen sagen: Ohne eine klare Verantwortlichkeitsstruktur (Datenschutz-Governance-Struktur), die auch innerhalb des Unternehmens bekannt ist, wird es nicht gehen!
> Ihr Unternehmen sollte dabei auf bereits eventuell bestehende Hierarchien zurückgreifen und sich an dieser Struktur orientieren. Auch das „Verantwortungsrad" muss nicht neu erfunden werden.

Von wirklich zentraler Bedeutung ist die Einführung eines wirksamen sogenannten Datenschutz Compliance Management Systems. Und da ist es vollkommen egal, ob Sie in einem Unternehmen mit 15 oder mit 1.500 Beschäftigten arbeiten.

2.1 Compliant – nur ein Modewort?

„Compliant" zu sein bedeutet, sich an Gesetze und Richtlinien oder auch freiwillige Grundsätze im Unternehmen zu halten. Ein Compliance Management System (CMS) meint also die Gesamtheit der Grundsätze und Maßnahmen eines Unternehmens zur Einhaltung der genannten Regeln. Effizient aufgebaut dient es der Vermeidung von Regelverstößen.

2.1.1 Was hat Datenschutz mit einem Compliance Management System zu tun?

Nach einem Urteil des Bundesgerichtshofes (BGH) vom 09.05.2017 dürfen Unternehmen, die im Falle von Compliance-Verstößen ein wirksames CMS vorweisen können, mit geringeren Geldbußen rechnen. Das ist doch mal ein Argument! Damit bei der Bemessung von etwaig erteilten Bußgeldern – im Falle von Verstößen – ein vorhandenes CMS aber auch Berücksichtigung finden kann, muss es im Unternehmen fest verankert sein und auch gelebt werden. Es kann entscheidend für die Bemessung der Höhe eines Bußgeldes sein, inwiefern ein Unternehmen durch ein CMS auf nachvollziehbare und belegbare Weise versucht, Rechtsverletzungen im Unternehmen zu vermeiden.

Eine Verletzung des Schutzes personenbezogener Daten kann also einen Compliance-Verstoß darstellen. Die Datenschutz-Grundverordnung hat die hierzu eigene Definition geschaffen, die wir Kapitel 7 behandeln. Aber auch die „Nicht-Einhaltung" der Datenschutz-Grundverordnung stellt einen solchen Verstoß dar.

2.1.2 CMS – Was bedeutet das für den Datenschutz in Ihrem Unternehmen?

Je passender und effizienter ein Compliance-Management-System auf mögliche Datenschutzverletzungen ausgerichtet ist, desto geringer könnten etwaige Bußgelder durch die Datenschutzaufsichtsbehörden ausfallen. Bei der Bewertung kann dann auch ausschlaggebend sein, wie geeignet und wirksam Ihre hinsichtlich der Verfolgung der Datenschutzziele ausgerichteten technischen und organisatorischen Maßnahmen sind.

Übertragen auf den Datenschutz in Ihrem Haus und die Anforderungen der DS-GVO gilt es also u. a., dass Ihre Geschäftsführung

- ein CMS aufsetzt und entsprechende Compliance-Maßnahmen auf nachweisbare Art umsetzt,
- eine grundverordnungskonforme Datenverarbeitung sicherstellt sowie
- Prozesse schafft, welche die Rechte betroffener Personen bei der Verarbeitung derer personenbezogenen Daten wahrt; seien es Daten Ihrer Beschäftigten oder Interessenten, Kunden oder Partner.

2.1.3 Welche Schritte sind zu gehen?

Die erforderlichen konkreten Schritte, die wir Ihnen im Weiteren noch erklären werden, lassen sich wie folgt zusammenfassen:

1. Eine konkrete Datenschutz-Governance-Struktur muss aufgestellt werden.
2. Es muss eine verbindliche Abstimmung unternehmensweiter Datenschutzziele durch die Unternehmensführung aufgesetzt werden.
3. Eine Datenschutzleitlinie ist zu erstellen und allen Kollegen vorzustellen.

Und nicht zuletzt müssen Prozesse zu den folgenden zentralen Themen implementiert und dokumentiert werden:

- die grundverordnungskonforme Datenverarbeitung
- die Wahrung der Betroffenenrechte
- die zuverlässige und korrekte Handhabung im Falle von Datenschutzverletzungen

2.1.4 Welche konkreten Aufgaben folgen?

Für das Gelingen eines wirksamen CMS empfielt es sich, zu aller erst eine Projekt-Planung zu erarbeiten.

In Kapitel 9.3 finden Sie ein Planungsbeispiel einer DS-GVO – Compliance Planung, welches sich gezielt an einem Prüffragebogen orientiert, den das Bayerische Landesamt für Datenschutzaufsicht (BayLDA) bereits Ende 2017 auf seinen Internetseiten publiziert hatte. Er ist unter der folgenden URL abrufbar: https://www.lda.bayern.de/media/fragen_ds_organisation.pdf

2.2 Governance-Struktur – Auf mehrere Schultern verteilen – Unterstützer sichern

Kapitel 9.4 enthält eine Vorlage, die Ihrem Unternehmen bei der Erarbeitung einer Datenschutz-Governance-Struktur helfen kann – also dem Aufbau eines internen Datenschutz-Teams, abgestimmt mit und genehmigt von Ihrer Geschäftsführung. Denn es braucht Unterstützung aus allen Bereichen, damit es zum Erfolg führt.

> Ein entscheidender Projektschritt ist die verbindliche Abstimmung unternehmensweiter Datenschutzziele durch die Unternehmensführung.

2.2.1 Datenschutzziele

Für den Datenschutz sind – wie für alle anderen Unternehmensbereiche auch – seitens der Geschäftsführung Ziele zu definieren. Diese sind als Teil der Unternehmensziele zu betrachten. Konkrete Datenschutzziele zu erarbeiten ist zwingend erforderlich.

Datenschutzziele – Wozu sind sie gut?

Die Abstimmung der Datenschutzziele dient dazu, den Verantwortlichen und Beschäftigen klare Ziele bei der Verarbeitung personenbezogener Daten mitzugeben. Durch die Einhaltung der Datenschutzziele werden somit die Leitplanken für die Verarbeitung der personenbezogenen Daten von Beschäftigten, Bewerbern, Kunden oder Partnern in Ihrem Unternehmen gesetzt.

Die ausformulierten Ziele stellen in Verbindung mit den Unternehmensvorgaben und Regelungen datenschutzrelevanter Prozesse einen zentralen Teil der Datenschutzleitlinie dar. Klare Datenschutzziele sind ebenfalls für Ihre internen Bereichsverantwortlichen (z.B. im Marketing, Personalwesen oder der IT) von großer Relevanz.

Um konform zu den Unternehmensvorgaben, der zu erstellenden Datenschutzleitlinie (siehe unten) sowie auch zur DS-GVO agieren zu können, müssen die Datenschutzziele definiert, nachvollziehbar dokumentiert und transparent an die Beschäftigten kommuniziert werden.

Auf Basis der Datenschutzziele werden Verantwortliche wie auch Bereichsverantwortliche „eingeschworen", sich die Ziele zu eigen zu machen und den übrigen Beschäftigten vorzuleben.

Datenschutzziele – Was ist zu tun?

1. Ihre Leitungsebene stellt ein **Team** zusammen, das die Ziele für den Datenschutz, die sich Ihr Unternehmen setzt, gemeinsam erarbeitet.
2. Beschränken Sie sich auf maximal **zehn** Datenschutzziele. Diese sollten zu je 50 % allgemeingültige und unternehmensspezifische Ziele darstellen.

   Wir geben Ihnen in Kapitel 9.5 einen Baukasten an die Hand, der abbildet, was inhaltlicher Bestandteil der Datenschutzziele sein kann.
3. Nach der Erarbeitung erfolgt durch die Geschäftsführung die **Verabschiedung** der Datenschutzziele, die wiederum in der Datenschutzleitlinie festgehalten werden
4. Regen Sie an, dass die Datenschutzziele zu einem **klar vereinbarten Zieltermin** erarbeitet sind. Halten Sie diesen Punkt in Ihrer Compliance-Planung fest.

2.2.2 Datenschutzleitlinie

Einleitung

Für wirksamen Datenschutz ist – wie für die meisten anderen Unternehmensbereiche auch – seitens der Geschäftsführung eine Leitlinie zu definieren.

Es mag anfangs sperrig und schwer greifbar erscheinen, aber der Aufwand wird sich lohnen.

Datenschutzleitlinie – Wozu ist das gut?

Die Erstellung einer Datenschutzleitlinie dient dazu, den Verantwortlichen und Beschäftigen eine klare Handlungsübersicht bei der Verarbeitung personenbezogener Daten mitzugeben.

Durch die Einhaltung der Datenschutzziele werden die Leitplanken für die Verarbeitung der personenbezogenen Daten von Beschäftigten, Bewerbern, Kunden oder Partnern in Ihrem Unternehmen gesetzt.

Die Datenschutzleitlinie enthält dann als zentralen Teil die vorab besprochenen, ausformulierten Datenschutzziele in Verbindung mit den Unternehmensvorgaben und Regelungen zum Umgang mit datenschutzrelevanten Abläufen.

Die Leitlinie kann als interne Messlatte der Einhaltung eines durch Gesetz und Datenschutzziele zugesicherten Datenschutzniveaus angesehen werden.

Um die Datenschutzleitlinie definieren zu können, müssen Entscheidungsschritte nachvollziehbar dokumentiert und transparent an die Beschäftigten kommuniziert werden.

Datenschutzleitlinie – Was ist zu tun?

1. Stellen Sie ein **Team** zusammen oder greifen Sie auf das Team zur Definition der Datenschutzziele zurück, um die Leitlinie, die sich Ihr Unternehmen setzt, gemeinsam zu erarbeiten.
2. Kommunizieren Sie diese Leitlinie klar und prägnant im Unternehmen.

2.2.3 Vorlage für eine Leitlinie

Kurzbeschreibung der Datenschutzleitline

Datenschutzleitlinie = Selbstverpflichtung zur Umsetzung der Datenschutzziele

Die Datenschutzleitlinie dient der Umsetzung jener Datenschutzziele, die die Geschäftsleitung festlegt. Die Einhaltung dieser Ziele kann dann zum Beispiel unter Zuhilfenahme eines Datenschutzhandbuches von den Beschäftigten umgesetzt werden.

> Die Erstellung und Einführung eines Datenschutzhandbuches ist ein eigenes Projekt, welches nur bei solchen Unternehmen ratsam ist, die die Arbeit mit entsprechenden Prozesshandbüchern bereits kennen oder einführen wollen.

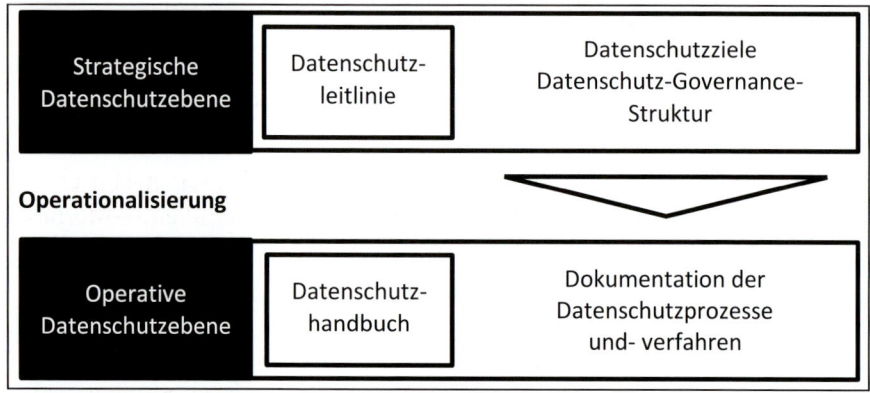

Einführung

Die Datenschutzleitlinie besteht aus den Unternehmenszielen und der Governance-Struktur. Sie soll dazu dienen, einen groben Überblick über die Datenschutzziele für die Mitarbeiter zu schaffe, ohne dass diese sich in Gesetzestexten verlieren.

Strukturierung der Leitlinie

Indem Sie die nachfolgenden Bereiche mit „Leben füllen" legen Sie ihre Datenschutzleitlinie fest.

1. **Anwendungsbereich**

In folgenden Bereichen soll der Datenschutz angewendet werden:

…..

2. **Benennung der gesetzlichen Vorschriften und sonstigen Grundlagen für die Ableitung der Datenschutzziele**

…...

3. **Datenschutzziele**

Folgende Datenschutzziele werden von der Geschäftsleitung gefordert

… Einfügen der verabschiedeten Datenschutzziele …

4. **Governance-Struktur**

… Einfügen oder referenzieren der festgelegten Verantwortlichkeitsstruktur …

5. **Verweis auf die operative Umsetzung**

Die operative Umsetzung wird z.B. mit Hilfe eines Datenschutzmanagementsystems (DSMS) durch die Beschäftigten durchgeführt.

6. **Konsequenzen bei Verstößen**
   - Die Sanktionen, die ein Verstoß gegen den Datenschutz nach sich ziehen kann, richten sich maßgeblich seit Mai 2018 für alle EU-Mitgliedstaaten nach den verbindlichen Strafen, welche die Datenschutz-Grundverordnung vorsieht.
   - Die Datenschutz-Grundverordnung kann bei einem Verstoß gegen den Datenschutz Bußgelder bis zu 20 Millionen Euro oder aber bis 4 Prozent des weltweiten Jahresumsatzes eines Unternehmens vorsehen.
   - Rufschaden …

7. **Dokumentenlenkung**

Beschreiben Sie hier, wie das Dokument weiterentwickelt und wo der aktuelle Stand zu finden sein wird.

Durch die Festlegung der Verantwortlichkeiten, die Verabschiedung von Datenschutzzielen und die Datenschutzleitlinie haben Sie eine gute Grundlage für eine stabile und zukunftsorientierte Datenschutzorganisation geschaffen.

3 Das Verzeichnis von Verarbeitungstätigkeiten

Mit der Benennung zum Datenschutzbeauftragten haben Sie sicher neben einer Benennungsurkunde auch mehr oder weniger umfangreiche Materialien Ihres Vorgängers erhalten. Den dicksten Ordner oder die umfangreichste Dateisammlung dürfte das **Verzeichnis von Verarbeitungstätigkeiten** (VVT) ausmachen. Zumindest sollte es dies, aber da die Verpflichtung zur Führung eines solchen Verzeichnisses vor Geltung der DS-GVO nicht bußgeldbewährt war, wurde dieser Aufwand gerne „eingespart".

Nach altem BDSG hieß das VVT noch „**Verarbeitungsübersicht**" oder „**Verfahrensverzeichnis**". Im Laufe Ihrer DSB-Laufbahn werden Ihnen diese „alten" Bezeichnungen sicher noch häufiger über den Weg laufen. Falls Sie also einen Ordner eines solchen Namens finden sollten, liegen Sie auch richtig und haben gleich eine gute Basis für Ihre kommende Aufgabe: die Überprüfung und Anpassung alter „Verfahrensverzeichnisse" an die Anforderungen eines aktuellen und DS-GVO-konformen VVT. Dennoch: Diese Aufgabe könnte einige Zeit in Anspruch nehmen.

Wichtig vorab: Die Erstellung und Aufrechterhaltung eines VVT ist nicht Aufgabe des Datenschutzbeauftragten. Er kann diese Aufgabe allerdings übernehmen oder übertragen bekommen. Achten Sie darauf, dass dies auch gebührend berücksichtigt wird, wenn es darum geht, das Kontingent Ihrer vertraglichen Arbeitszeit für Ihre Aufgaben als Datenschutzbeauftragter festzulegen.

Die Erfahrung aus der Praxis zeigt, dass die Erstellung (oder Anpassung an die DS-GVO-Anforderungen) sowie die fortwährende Aktualisierung des VVT am besten gelingen, wenn die Arbeit auf mehrere Schultern verteilt wird. Schließlich kann eine Mitarbeiterin unmöglich alle einzelnen Arbeitsschritte in einer Firma kennen, selbst wenn sie vielleicht aufgrund ihrer umfassenden Kenntnisse der wichtigsten Vorgänge im Betrieb zur Datenschutzbeauftragten benannt wurde. Der Aufbau einer Datenschutzorganisation wurde bereits in Kapitel 3 abgebildet. Wie dort aufgezeigt, empfehlen sich Kollegen und Kolleginnen in der Rolle als Datenschutzkoordinatoren zur Unterstützung des Aufbaus einer Datenschutzorganisation. Dies gilt insbesondere für die erstmalige Erstellung oder notwendige Anpassungen des VVT an die DS-GVO.

3.1 Was ist eigentlich eine „Verarbeitungstätigkeit"?

Diese Frage werden sich viele Datenschutzbeauftragten zumindest zu Beginn ihrer Ausbildung und wohl auch danach noch das ein oder andere Mal gestellt haben. Eine passende und verständliche Antwort zu finden ist gar nicht so einfach und selbst Datenschutzprofis kommen spätestens bei der dritten Nachfrage eines Datenschutzneulings gern mal ins Schwitzen. Also: Eine Verarbeitungstätigkeit, was ist das überhaupt?

Gesetzesdefinitionen sind ja meist schwer verdauliche Kost. In Art. 4 Nr. 2 DS-GVO ist unter dem Begriff „Verarbeitung" allerdings anhand vieler Beispiele ganz konkret bestimmt, was unter einer Verarbeitung zu verstehen ist.

Eine „Verarbeitung" bezeichnet demnach *„jeden mit oder ohne Hilfe automatisierter Verfahren ausgeführten Vorgang oder jede solche Vorgangsreihe im Zusammenhang mit personenbezogenen Daten wie das Erheben, das Erfassen, die Organisation, das Ordnen, die Speicherung, die Anpassung oder Veränderung, das Auslesen, das Abfragen, die Verwendung, die Offenlegung durch Übermittlung, Verbreitung oder eine andere Form der Bereitstellung, den Abgleich oder die Verknüpfung, die Einschränkung, das Löschen oder die Vernichtung".*

Also kurz zusammengefasst bedeutet das: Jede Tätigkeit, bei der mit personenbezogenen Daten etwas gemacht wird, was oben unter „Verarbeitung" aufgeführt ist, stellt eine Verarbeitungstätigkeit dar und ist im damit im VVT zu dokumentieren.

3.2 Muss jedes „Verarbeiten" einzeln dokumentiert werden?

Das kann es ja nicht sein, dass man über jedes Erheben und Speichern und Löschen Buch führen muss. Wir suchen also weiter nach einer Erklärung, was eine Verarbeitungstätigkeit ist und was in diesem Verzeichnis aufgeführt werden soll. Im Duden findet man zum Stichwort „Verarbeitungstätigkeit" schon mal keinen Eintrag. Unter „Verarbeitung" findet man „die Art und Weise, in der etwas gefertigt ist". Das hilft erst mal nur bedingt, also gilt es, etwas weiter auszuholen: Der Vorgänger des VVT nannte sich, wie bereits erwähnt, „Verfahrensverzeichnis". Den Begriff „Verfahren" erklärt der Duden als „Art und Weise der Durchführung". Im Sinne des Verfahrensverzeichnisses für den Datenschutzschutz könnte das also bedeuten, dass die Art und Weise, wie personenbezogene Daten bei z.B. der Lohnabrechnung verarbeitet werden, in einem Verzeichnis zu sammeln sind. Nimmt man dann aus Wikipedia die Ergänzung hinzu, dass ein Verfahren einen „geregelten, in einzelne Schritte zerlegbaren, nachvollziehbaren und wiederholbaren Ablauf" bezeichnet, kommen wir der Lösung schon recht nahe: Bezogen auf das Beispiel Lohnabrechnung ist die Verarbeitung personenbezogener Mitarbeiterdaten als Verfahren im Unternehmens klar geregelt, in einzelne Schritte zerlegbar, nachvollziehbar und auf jeden Mitarbeiter (wiederholbar) anwendbar.

3.3 Die Summe der Verarbeitungstätigkeiten = das VVT

Gerade haben wir festgestellt, dass es in einem Unternehmen klar geregelte, in einzelne Schritte zerlegbare, nachvollziehbare und wiederholbar anwendbare Prozesse gibt. Sobald in einem solchen Prozess personenbezogene Daten verarbeitet werden, haben wir es mit einer Verarbeitungstätigkeit (ehemals: Verfahren) zu tun. Und diese Unternehmensprozesse gilt es nun im VVT zu beschreiben.

Alle Unternehmensprozesse sind darauf ausgerichtet, einen bestimmten Zweck zu verfolgen. Mit unserem Beispiel der Verarbeitungstätigkeit „Lohnabrechnung" verfolgt man gleich mehrere Zwecke: unter anderem „Geld an Mitarbeiter auszahlen lassen" und „einen Teil des Geldes an das Finanzamt überweisen". Das Zusammenfassen von mehreren Zwecken zu einer Verarbeitungstätigkeit ergibt an dieser Stelle durchaus Sinn, da ja nicht separat eine Abrechnung für den Mitarbeiter und eine für das Finanzamt erstellt werden. Als Verarbeitungstätigkeit ist also „Lohnabrechnung" in das VVT aufzunehmen, und zwar einmal. Nicht für jeden Mitarbeiter einzeln und nicht jeden Monat aufs Neue. Denn grundsätzlich läuft jede Lohnabrechnung (konkreter: jeder Lohnabrechnungslauf) für jeden Mitarbeiter immer wieder nach dem gleichen Schema ab.

Wie weit gefasst man seine Verarbeitungstätigkeiten definiert, ist durch die DS-GVO nicht vorgeschrieben. Letztlich ist es eine Frage der Praktikabilität, ob Verarbeitungstätigkeiten ganz weit definiert werden oder ob es geschickter ist, etwas feiner „aufzudröseln". Ob es praktisch ist, unter der Verarbeitungstätigkeit „Personalverwaltung" alles zu führen, was mit Beschäftigtendaten zu tun hat, sei dahingestellt, das kann schnell unübersichtlich werden. Denkbar ist durchaus, dass ein kleiner Betrieb nur zwischen „Mitarbeitereinstellung", „Personalverwaltung" und „Mitarbeiterentlassung" unterscheidet. Wichtig ist, dass Sie als DSB den Überblick behalten. Fragen Sie nach, wo Sie den Prozess nicht verstehen und bitten Sie Ihre Kollegen im Zweifel einfach etwas feiner zu untergliedern und etwa „Bewerbungen" separat zu beschreiben (und nicht in „Mitarbeitereinstellung") oder die „Krankmeldungen" gesondert von der allgemeinen „Personalverwaltung" zu beschreiben. Sie werden sehen, dass Sie mit einem fein untergliederten VVT ganz einfach einen Überblick über die Verarbeitungen jeder noch so fachfremden Abteilung bekommen.

3.4 Beispiele für typische Verarbeitungstätigkeiten

Für die Praxis empfiehlt es sich, die Verarbeitungstätigkeiten ihren Zwecken folgend nach den einzelnen Abteilungen im Unternehmen zu gliedern. Nachfolgend haben wir einige Verarbeitungstätigkeiten angeführt, die sich in vielen Unternehmen finden. Diese Liste ist nicht vollständig und stellt lediglich Beispiele für Verarbeitungstätigkeiten dar. Sie soll Ihnen lediglich einen Eindruck vermitteln, was zu dokumentieren ist. Ganz bestimmt finden Sie noch weitere Verarbeitungstätigkeiten, die in Ihrem Betrieb durchgeführt werden.

Buchhaltung, Controlling
Bonitätsprüfung
Debitoren (Kunde)/Kreditoren (Lieferanten)
Entgeltabrechnung
Lohnbuchhaltung im Haus
Lohnbuchhaltung durch externes Büro
Reisekostenabrechnung
Gebäude- und Sicherheitsmanagement
Besucherregistrierung
Büroreinigung
Klingelkamera
Schlüsselverwaltung
Videoüberwachung
IT-Management
Aktenvernichtung, Datenträgerentsorgung durch Dienstleister
Backup
Benutzerverwaltung in der IT
E-Mail Administration
Firewall Administration
Home Office
Internet (Hosting, Support/Wartung)

IT Support via Desktop Sharing Software
Logfilemanagement
Mobile Device Management
Telefonanlage (Support/Wartung)
Marketing
Bilder der Beschäftigten auf der Website
Kundendatenbank
ERP-Systeme
Gewinnspiele
Kundendienst und -service
Newsletter-Empfänger-Analyse
Newsletterversand
Webtracking
Personalwesen
Administration Aushilfen
Arbeitssicherheit (EHS)
Arbeitszeitverwaltung Mindestlohn
Aus- und Weiterbildung der Beschäftigten
Austritt von Beschäftigten
Betriebliches Wiedereingliederungsmanagement
Bewerberverfahren
Einstellung neuer Beschäftigter
E-Learning-System
Zeiterfassung
Führungszeugnisse – Verwaltung
Geburtstagsliste
Beschäftigtenbeurteilung
Beschäftigtendaten auf der Webseite

Personalabrechnung
Personalakte
Personaldatenverwaltung
Urlaubsplanung
Verbandbuch
Warenwirtschaft, Logistik, Fuhrpark
Archivierung von Empfangsquittungen
Bestandsführungssystem Kfz
Fahrtenschreiberverwaltung
Fahrzeugverwaltung
Führerscheinkontrolle
GPS-unterstütztes Flottenmanagement
Navigationssystem der Flottenfahrzeuge
Videoüberwachung bei der Laderampe

3.5 Wozu braucht es ein VVT?

Prinzipiell ist es nun wie auch früher gesetzlich festgelegt, dass ein VVT (bzw. Verfahrensverzeichnis) zu führen ist. Wie bereits erwähnt, hat sich die Sache mit den Sanktionen geändert, aber nicht alleine deshalb ist ein stets aktuell gehaltenes VVT ein Muss. Hier trat mit Geltung der DS-GVO eine „Beweislastumkehr" ein: Wo früher die Aufsichtsbehörde einem Unternehmen nachweisen musste, dass es gegen bestimmte Paragraphen verstößt, da gilt heute das Prinzip der „Nachweispflicht". Das bedeutet ganz praktisch, dass nicht mehr die Aufsichtsbehörde „herkommen"/prüfen und einem Unternehmen einen einzelnen Verstoß nachweisen muss. Jetzt kann die Aufsichtsbehörde einfach bei den Betrieben anfragen, wie diese denn nachzuweisen gedenken, dass sie alle Vorkehrungen getroffen haben, um den gesetzlichen Bestimmungen nachzukommen. Das bedeutet ganz praktisch nun mal Dokumentation für den Fall der Fälle.

3.6 Muss jeder Betrieb ein VVT führen?

Der europäische Gesetzgeber hat eine Befreiung von der Pflicht zum Führen eines VVT angedacht. Das steht auch so im Gesetz, die Grenze betrifft allerdings lediglich bestimmte Unternehmen oder Einrichtungen unter der Mindestgröße von 250 Mitarbeitern. Wenn man das Gesetz allerdings genauer liest, stellt man fest, dass die genannte Mitarbeitergrenze nur scheinbar die Grenze zur Pflicht der Führung eines VVT ist. Über die Mitarbeiteranzahl hinaus sind nämlich weitere Kriterien zu berücksichtigen. Dazu gehören die Bedingungen, dass…

- die von Ihnen vorgenommene Verarbeitung kein Risiko für die Rechte und Freiheiten der betroffenen Personen birgt
- die Verarbeitung nur gelegentlich erfolgt
- keine Verarbeitung besonderer Datenkategorien wie bspw. Gesundheitsdaten erfolgt
- usw …

Schon alleine der erste Aufzählungspunkt ist insofern kritisch zu sehen, als jedwede Verarbeitung personenbezogener Daten als ein Risiko für die Rechte und Freiheiten der betroffenen Personen angesehen werden könnte. Letztlich führt spätestens der zweite und dritte Aufzählungspunkt die Mitarbeitergrenze ad absurdum, als in einem jeden Betrieb heutzutage wohl nicht nur gelegentlich personenbezogene Daten verarbeitet werden und selbst bei geringster Mitarbeiteranzahl regelmäßig Krankmeldungen eingehen.

Die „scheinbare" Ausnahmeklausel für Betriebe unter 250 Mitarbeitern ist also nicht nur unter Berücksichtigung der gerade aufgezeigten Aspekte kein Grund zum Verzicht auf ein VVT. In den folgenden Abschnitten werden wir aufzeigen, warum dem DSB ein stets aktuelles VVT den Arbeitsalltag in vielen Belangen vereinfachen kann.

3.7 Erstellt man ein VVT „nur" für die Aufsichtsbehörde?

Unabhängig von der „scheinbaren" Befreiung der Pflicht zur Führung eines VVT kann in der Praxis nicht davon ausgegangen werden, dass der Nachweis der Einhaltung der datenschutzrechtlichen Vorgaben samt zugehöriger Dokumentation ohne VVT zu realisieren ist. Zumal man berücksichtigen muss, dass so oder so auch die von der Führung eines VVT befreiten Betriebe nicht von all den anderen datenschutzrechtlichen Pflichten ausgenommen sind.

Hierunter zählen etwa die Auskunfts- und Informationspflichten oder Nachweise für die Einholung rechtskonformer Einwilligungen oder die Einhaltung der Auflagen an die Sicherheit der Datenverarbeitung. All dies gehört nicht zwingend zu den Punkten, die man gemäß Artikel 30 Abs. 1 DS-GVO zur Führung eines VVT nachkommen muss. In diesem Gesetzesartikel steht nämlich lediglich drin, dass folgende Angaben in das VVT aufzunehmen sind:

a) *Name und Kontaktdaten des Verantwortlichen*
b) *die Zwecke der Verarbeitung*
c) *eine Beschreibung der Kategorien betroffener Personen und die Kategorien personenbezogener Daten*
d) *die Kategorien von Empfängern personenbezogener Daten, inkl. künftiger Empfänger*
e) *die Tatsache, ob personenbezogene Daten in ein Drittland oder an eine internationale Organisation übermittelt werden inkl. Nennung des Empfängers und den geeigneten Garantien für eine solche Übermittlung*
f) *die Löschfristen für die verschiedenen Datenkategorien*
g) *eine allgemeine Beschreibung der technischen und organisatorischen Maßnahmen (TOMs)*

Wie man leicht erkennen kann, decken die Punkte a) bis g) bei weitem nicht alles ab, was der Gesetzgeber zur Erfüllung der Nachweispflicht verlangt. Deshalb ist es ratsam, die Datenschutzorganisation rund um das VVT herum aufzubauen. Wenn man das VVT, also die geforderten Punkte a) bis g) aus Art. 30 Abs. 1 DS-GVO, um einige Angaben ergänzt, dann erhält man mit diesem „aufgebohrten" VVT ein zentrales Datenschutzwerkzeug, mit dem man beinahe alle Anforderungen der Nachweispflicht abdecken kann.

3.8 Das VVT als wichtigstes Werkzeug des Datenschutzbeauftragten

Darüber hinaus stellt ein solches VVT auch ein praktisches Werkzeug für den DSB dar: Da sich im VVT alle relevanten Informationen befinden, kann mit einem Blick ins VVT bspw. die Information entnommen werden, in welchen Prozessen etwa „Lieferantendaten" verarbeitet werden. Darüber hinaus steht im VVT, an wen „Lieferantendaten" weitergegeben werden, auf welcher

Rechtsgrundlage die Verarbeitung von diesen Daten beruht und wie lange die Daten mit welcher Begründung aufbewahrt werden. All dies sind wertvolle Informationen, wenn es darum geht ein Auskunftsersuchen einer Betroffenen, also z. B von einer Mitarbeiterin eines Lieferanten, zu beantworten. Ohne einen Überblick, wie ihn uns das VVT gewährt, sorgt ein solches Auskunftsersuchen gerne tagelang für Hektik und Spannung im ganzen Betrieb.

Auch die Abbildung der Informationspflichten fällt mit einem ordentlich geführten, ausführlichen VVT deutlich leichter aus als ohne: Auf einen Blick wird klar ersichtlich, welche Daten von welcher Kategorie betroffener Personen warum erhoben werden soll. Durch die reine Pflichtübung der Erstellung eines VVT nach den Angaben der Punkte a) bis g) aus Art. 30 Abs. 1 DS-GVO müssten die für die Informationspflichten bereitzustellenden Angaben ja trotzdem recherchiert und irgendwo dokumentiert werden.

Diese Beispiele zeigen sehr deutlich, warum an einem umfangreichen VVT kein Weg vorbeiführt. Wenn man das VVT aber als Dreh- und Angelpunkt des Datenschutzkonzepts ansieht und regelmäßig pflegt, erleichtert es den Alltag eines Datenschutzbeauftragten ungemein.

3.9 Welche Angaben benötigt ein VVT, damit es nicht nur fürs Gesetz genügt, sondern auch für die Praxis sinnvoll ist?

Auf jeden Fall sollten für jede Verarbeitungstätigkeit die Rechtsgrundlagen im VVT dokumentiert sein. Fügen Sie also einfach Ihrer Vorlage ein Feld „Rechtsgrundlagen" hinzu und lassen Sie Ihre Kollegen recherchieren, auf Basis welcher Rechtsgrundlage die Daten erhoben oder weitergegeben werden. Akzeptieren Sie kein „Weil wir das schon immer so machen!" und kein leeres Feld als Rechtsgrundlage – verlangen Sie ein Gesetz und einen Paragraphen. Sie können Ihren Kollegen ganz einfach erklären, dass diese Information auch für deren Abteilung wichtig ist und die Rechtsgrundlage sowieso recherchiert werden muss. Wenn die Personalabteilung bei der Einstellung neuer Beschäftigter den künftigen Mitarbeiter bei der Erhebung seiner Daten gemäß den Informationspflichten der DS-GVO über den Umgang mit seinen Daten informieren muss, werden genau diese Daten gefragt sein. Letztlich kommen Ihre Kollegen also sowieso nicht um diese Aufgabe herum und am Ende sind es die Fachabteilungen, die genau diese Informationen benötigen, um sie den betroffenen Personen weitergeben zu können.

Darüber hinaus empfiehlt es sich zu dokumentieren, wie bspw. Einwilligungen eingeholt werden – das bedeutet im Konkreten: Fügen Sie ein Freitextfeld zur Beschreibung der Einwilligung und eines zur Verlinkung des entsprechenden Dokumentes mit dem Einwilligungstext an Ihre Vorlage zum VVT an. Ebenso können Sie vorgehen bei den Themen „Einhaltung des Transparenzgebots" und „Informationspflichtenerfüllung".

Weitere Ergänzungen zu den Mindestangaben des VVT in Anlehnung an KRANIG/EHMANN:

- Dokumentation, dass der Datenschutz durch Technikgestaltung und datenschutzfreundliche Voreinstellungen eingehalten wird
- Dokumentation des Prozesses für Auskunft, Berichtigung und Löschung
- Umsetzung der Speicherbegrenzung
- Umsetzung der Sicherheit der Verarbeitung
- Auflistung aller Auftragsverarbeiter (inkl. internationaler Datentransfer mit Rechtsgrundlagen)
- Umgang mit Datenschutzverletzungen
- Darstellung der Meldepflicht an die Aufsichtsbehörde
- Risikobewertung für Datenschutzfolgenabschätzung
- Dokumentation von Sensibilisierungsmaßnahmen

Eine Vorlage für ein praxistaugliches VVT finden Sie im Download-Bereich und Hinweise dazu in Kapitel 9.9.

3.10 Wie sieht so eine Dokumentation einer Verarbeitungstätigkeit ganz konkret aus?

Die folgende Tabelle beschreibt exemplarisch die gesetzlich notwendigen Mindestangaben anhand des einfachen Beispiels einer Verarbeitungstätigkeit, die wohl in jedem Betrieb anfällt: die „Schlüsselverwaltung".

Verarbeitungstätigkeit	Schlüsselverwaltung
Namen und Kontaktdaten des Verantwortlichen sowie der oder des DSB	Name und Kontaktdaten Ihres Betriebs

Zweck der Verarbeitung	Dokumentation der ausgegebenen Gebäudeschlüssel zum Zwecke der Zutrittssicherung
Kategorie betroffener Personen und Kategorien personenbezogener Daten	Kategorie betroffener Personen: *„Beschäftigte"* *Weil ja i. d. R. lediglich diese einen Schlüssel ausgehändigt bekommen. Sollten auch weitere Personen, bspw. der Reinigungsdienst einen Schlüssel bekommen, so ist auch diese Kategorie, bspw. als „externe Dienstleister" anzugeben.)* Kategorie personenbezogener Daten: Inventardaten (Im Detail wohl Schlüsselart/-nummer, Datum der Ausgabe- bzw. Rückgabe des Schlüssels).
Kategorien von Empfängern, denen die personenbezogenen Daten offengelegt werden einschließlich Drittländer oder internationale Organisationen	Vielleicht findet die Schlüsselverwaltung bei einem externen Gebäudeverwalter statt, der Ausgabe und Rücknahme organisiert. An dieser Stelle sei auf das Thema „Auftragsverarbeitung" verwiesen – siehe Kapitel 4 zur Einbindung externer Dienstleister.
ggf. Übermittlung von personenbezogenen Daten an ein Drittland	Die Gebäudeverwaltung wird wohl eher selten von einem Drittland aus organisiert sein, das heißt, diese Pflichtangabe ist für den Bereich Schlüsselverwaltung wohl mit einem „nein" erledigt. Achten Sie allerdings darauf, dass bei der Nutzung bestimmter Cloud-Dienste für die Dateiablage durchaus eine Übermittlung in ein Drittland vorliegen kann.

Wenn möglich, die vorgesehenen Fristen für die Löschung der verschiedenen Datenkategorien	Daten sind zu löschen, wenn der Zweck der Datenverarbeitung entfällt. Bei der Festlegung der Löschfrist sind häufig Archivierungs- und Aufbewahrungsfristen zu prüfen. So lange Sie die Daten aus gesetzlichen Gründen aufbewahren müssen, dürfen diese Daten nicht gelöscht werden. Lassen Sie herausfinden, ob Ihr Betrieb bspw. aus Sicherheitsgründen solchen gesetzlichen Anforderungen unterliegt und für wie lange das Gesetz die Aufbewahrung vorschreibt. Ansonsten müssen Sie die Daten löschen, sobald Sie sie nicht mehr benötigen. Im Falle der Schlüsselverwaltung wäre also zu überlegen, welchen Zeitraum Sie wie begründen können, indem Sie nachweisen wollen zu welchem Zeitpunkt ein ehemals Beschäftigter einen Schlüssel besaß.
Wenn möglich, eine allgemeine Beschreibung der technischen und organisatorischen Maßnahmen	Siehe Kapitel 6 „Technische und organisatorische Maßnahmen"

3.11 Was hat es mit dem VVT für Auftragsverarbeiter auf sich?

Neben dem VVT gem. Art. 30 Abs. 1 DS-GVO gibt es ein weiteres Verzeichnis von Verarbeitungstätigkeiten, welches Sie unter Umständen zu führen haben. Dies betrifft allerdings lediglich Betriebe, die als Auftragsverarbeiter tätig sind. Aber keine Angst: Selbst, wenn Ihr Betrieb einige Dienstleistungen als Auftragsverarbeiter anbietet – Sie haben deswegen nicht die doppelte Arbeit wie mit nur einem VVT gem. Art. 30 Abs. 1 DS-GVO.

Das Verzeichnis, das Auftragsverarbeiter zu führen haben, ist in Art. 30 Abs. 2 DS-GVO geregelt. Zum einen verlangt das Gesetz hier deutlich weniger Angaben als die, die nach Art. 30 Abs. 1 DS-GVO erforderlich sind. Zum anderen müssen diese Angaben nur für Verarbeitungstätigkeiten erstellt werden, die als Auftragsverarbeiter angeboten werden. Die Mindestangaben dieses VVT belaufen sich auf folgende Informationen:

a) Name und Kontaktdaten des Auftragsverarbeiters (also Ihr Betrieb)
b) Kategorien von Verarbeitungen, die im Auftrag jedes Verantwortlichen durchgeführt werden
c) gegebenenfalls Übermittlungen an ein Drittland / internationale Organisation, inkl. Nennung des Drittlands / der internationalen Organisation sowie der Nutzung von Ausnahmen, die in Artikel 49 Absatz 1 Unterabsatz 2 genannten sind und natürlich auch die Dokumentierung geeigneter Garantien für die Datenübermittlungen
d) eine allgemeine Beschreibung der technischen und organisatorischen Maßnahmen (TOMs)

Beispiele für Verarbeitungstätigkeiten, die in diesem VVT für Auftragsverarbeiter anzuführen sind, wären etwa:

Verarbeitungstätigkeiten als Auftragsverarbeiter
Fernwartung von IT-Systemen von Kunden
Bereitstellung einer Softwarelösung mit Nutzerverwaltung als Cloud-Dienst
Support-Leistungen für eine Softwarelösung mit Nutzerverwaltung als Cloud-Dienst
Call-Center-Leistungen
Durchführung der Lohnabrechnung für eine Tochtergesellschaft
Wartung von Webseiten mit Zugriffsmöglichkeit auf die Logfiles des Webservers
Druck von Visitenkarten für Kunden
Bereitstellung von IT-Diensten für eine Tochtergesellschaft

4 Einbindung externer Dienstleister

Im Rahmen des Aufbaus des Verzeichnisses der Verarbeitungstätigkeiten (VVT) sind Sie höchstwahrscheinlich auf Verarbeitungen gestoßen, die nicht zu 100 % in Ihrem Unternehmen stattfinden. Es wurden externe Dienstleister eingebunden. Wie geht man damit um?

4.1 Verschiedene „Arten" von externen Dienstleistern

Es gibt unterschiedliche Formen von externen Dienstleistern:

1. **Inanspruchnahme fremder Fachleistungen bei einem sogenannten eigenständig Verantwortlichen**

Siehe hierzu auch das DSK-Papier 13[2], das unter folgender URL abgerufen werden kann: https://www.lda.bayern.de/media/dsk_kpnr_13_auftragsverarbeitung.pdf

---

[2] DSK: Datenschutzkonferenz der unabhängigen Datenschutzbehörden des Bundes und der Länder

Dazu zählen zum Beispiel:
- Tätigkeiten der Berufsgeheimnisträger (Steuerberater, Rechtsanwälte, externe Betriebsärzte, Wirtschaftsprüfer)
- Inkassobüros **mit Forderungsübertragung**
- Bankinstitute für den Geldtransfer
- Postdienste für den Brief- oder Pakettransport

Das Bayerische Landesamt für Datenschutzaufsicht (BayLDA) zählt weiterhin die folgenden Dienstleister nicht zu sog. Auftragsverarbeitern (siehe unten), da dort eine eigenverantwortliche Tätigkeit vermutet wird, bzw. im Kern keine beauftragte Verarbeitung personenbezogener Daten stattfindet:
- Tätigkeit als Verwalter einer Wohnungseigentümergemeinschaft
- Detektive bei ihrer Observierungs-/Überwachungs-/Ausforschungstätigkeit
- Insolvenzverwalter
- Personalvermittlung nach Auftrag von Stellensuchenden (siehe dazu auch Beispiel 6 im WP 169 – LINK:http://ec.europa.eu/justice/article-29/documentation/opinion-recommendation/files/2010/wp169_de.pdf)
- von Reisebüros aufgrund Kundenvertrags vermittelte Leistungsanbieter, wie Hotels, Mietwagenfirmen, Fluggesellschaften, Busunternehmen, Versicherungen usw. (siehe dazu auch Beispiel 8 im WP 169)

Was ist zu tun: Aus dem Vertrag mit dem Dienstleister sollte die Aufgabenstellung klar hervorgehen. Dieser Vertrag sollte aktuell und bei Bedarf auffindbar sein. Der Übertragungsweg der Daten sollte auf seine Sicherheit hin geprüft werden. Und wie immer: Nur mit im VVT dokumentierter Rechtsgrundlage dürfen ausschließlich die erforderlichen personenbezogenen Daten weitergegeben werden.

2. Gemeinsam für die Verarbeitung Verantwortliche, Art. 26 DS-GVO:

Siehe hierzu auch DSK-Papier 16: https://www.lda.bayern.de/media/dsk_kpnr_16_gemeinsam_verantwortliche.pdf

Dieses „neue" sog. Rechtsinstitut spielte in Deutschland bisher – wenn überhaupt – nur eine äußerst kleine Rolle. Im früheren BDSG war es nicht einmal ausdrücklich erwähnt. Es wird so sein, dass die ausdrückliche Regelung der gemeinsamen Verantwortlichkeit in der DS-GVO gerade für die Praxis in Deutschland doch deutliche Auswirkungen haben wird. Nach Art. 26 Abs. 1 DS-GVO sind mehrere Stellen (Unternehmen) „gemeinsam für die Verarbeitung Verantwortliche", wenn sie gemeinsam die Zwecke der und die Mittel zur Verarbeitung festlegen.

Wir zählen hier zum besseren Verständnis – wie auch im Quellpapier ohne Anspruch auf Vollständigkeit – einige Fälle auf, bei denen je nach Gestaltung – ggf. gemeinsame Verantwortlichkeit in Betracht kommen kann:

- klinische Arzneimittelstudien, wenn mehrere Mitwirkende (z.B. Sponsor, Studienzentren/Ärzte) jeweils in Teilbereichen Entscheidungen über die Verarbeitung treffen
- gemeinsame Verwaltung bestimmter Datenkategorien (z.B. Adressdaten) für bestimmte gleichlaufende Geschäftsprozesse mehrerer Konzernunternehmen
- gemeinsame Errichtung einer Infrastruktur, auf der mehrere Beteiligte ihre jeweils individuellen Zwecke verfolgen, z.B. gemeinsames Betreiben einer internetgestützten Plattform für Reisereservierungen durch ein Reisebüro, eine Hotelkette und eine Fluggesellschaft
- E-Gouvernement-Portal, bei dem mehrere Behörden Dokumente zum Abruf durch Bürger bereitstellen; der Betreiber des Portals und die jeweilige Behörde sind gemeinsam Verantwortliche (WP 169 der Artikel-29-Gruppe, Beispiel Nr. 11)
- Personalvermittlungs-Dienstleister, der für einen Arbeitgeber X Bewerber sichtet und hierbei auch bei ihm eingegangene Bewerbungen einbezieht, die nicht gezielt auf Stellen beim Arbeitgeber X gerichtet sind (WP 169, Beispiel Nr. 6)
- (je nach Gestaltung ggf.) gemeinsamer Informationspool/Warndatei mehrerer Verantwortlicher (z.B. Banken) über säumige Schuldner (WP 169, Beispiel Nr. 13)

Was ist zu tun: Es erscheint empfehlenswert, in diesen Fällen einen Datenschutzprofi oder/und Rechtsanwalt mit vertieften Kenntnissen im Datenschutzrecht hinzuzuziehen.

3. Auftragsverarbeitung

Siehe hierzu auch DSK-Papier 13: https://www.lda.bayern.de/media/dsk_kpnr_13_auftragsverarbeitung.pdf

Sofern also die Beauftragung eines externen Dienstleisters geplant ist, ist zu klären, ob dieser personenbezogene Daten verarbeiten wird. Wenn dies der Fall ist, besteht in der Regel die Pflicht zur Schließung einer Vereinbarung zur Auftragsverarbeitung zwischen dem Verantwortlichen und dem Auftragsverarbeiter, also zwischen Ihrem Unternehmen und dem Dienstleister.

Beispiel für Auftragsverarbeitung

Ein Unternehmen lässt bspw. von einer Mediaagentur eine Webseite erstellen und benötigt einen Dienstleister, der ihm einen Tag und Nacht laufenden Server mit Internetanbindung zur Verfügung stellt (Hoster). Sobald die Webseite über das Internet erreichbar ist, also Besucher auf der Webseite sind, hinterlassen diese im Protokoll des Webservers eine Spur. Auch das sind bereits personenbezogene Daten. Diese werden durch Server des Hosters verarbeitet. Selbst wenn dort kein Mitarbeiter die Daten einsieht, muss mit dem Hoster ein Vertrag zur Auftragsverarbeitung geschlossen werden, da eben nicht ausgeschlossen werden kann, dass dieser auf die Daten (z.B. zu Wartungszwecken) zugreift.

Das Gleiche gilt für die Mediaagentur, wenn diese sich um Aktualisierungen der Webseite kümmert und somit weiterhin Zugriff auf die Website und damit potenziell auf die dortigen Protokollfiles oder etwaige Eintragungen in einem Kontaktformular hat.

4.2   Wer sind die beteiligten Parteien?

Wenn eine Auftragsverarbeitung durch einen Dienstleister stattfindet, so handelt es sich bei diesem Dienstleister um einen Auftragsverarbeiter. Der Datenschutz trennt zwischen dem (für die personenbezogenen Daten) Verantwortlichen, also dem Auftraggeber, und dem Auftragsverarbeiter, der vertragsrechtlich Auftragnehmer des Verantwortlichen ist.

Für die Vorbereitung:

Intern:
Um nun die erforderlichen Angaben für den Anhang des AV-Vertrags zusammenzustellen, ist im eigenen Unternehmen ein Ansprechpartner für die Klärung der Fragen zur ei-

gentlichen Verarbeitung erforderlich (welche Daten – von wo nach wo – wie – wie lange – Einschätzung des Risikos).

Extern:
Bei den möglichen Dienstleistern in der Vorauswahl ist ein Ansprechpartner zu finden, welcher die technischen und organisatorischen Maßnahmen auf Seiten des Dienstleisters bereitstellt und ggf. auch für Rückfragen zur Verfügung stehen kann.

4.3 Wann ist ein Vertrag zur Auftragsverarbeitung erforderlich?

Ein Vertrag zur Auftragsverarbeitung ist dann erforderlich, wenn der Dienstleister personenbezogene Daten verarbeitet. Dieses Verarbeiten ist bereits dann gegeben, wenn ein Dienstleister im Rahmen der ihm zugewiesenen Tätigkeit personenbezogene Daten einsehen kann. Auch nur die Möglichkeit, im Rahmen von dem Dienstleister zufallenden Systemrechten potenziell z.B. per Fernwartung auf personenbezogene Daten zugreifen zu können, ist als Verarbeitung zu verstehen.

Der Vertrag zur Auftragsverarbeitung ist zwingend **vor dem Beginn** der Datenverarbeitung zu schließen. Das bedeutet, bevor personenbezogene Daten zum Dienstleister transferiert werden oder dem Dienstleister ein Zugriff auf personenbezogene Daten ermöglicht wird, müssen die im Folgenden erklärten Punkte abgearbeitet und der Vertrag zur Auftragsverarbeitung unterschrieben sein.

4.3.1 Warum sollten bestehende Verträge mit Dienstleistern an die DS-GVO angepasst werden?

Auch für bestehende Auftragsverhältnisse gilt natürlich die Pflicht, einen Vertrag zur Auftragsverarbeitung geschlossen zu haben. Seit dem 25. Mai gilt die DS-GVO. Alle zuvor geschlossenen Verträge müssen auch deren Anforderungen genügen. Deshalb sollten alle Verantwortlichen bestehende Verträge zur Auftragsverarbeitung überprüfen und ggf. nach Maßgabe der Art. 28 und 29 DS-GVO anpassen. Vor dem Hintergrund der vorstehenden Ausführungen werden zumindest folgende Fragen zu klären sein:

- Wurde der Auftragsverarbeiter **nachweisbar** hinreichend sorgfältig ausgewählt und liegen entsprechende Garantien vor?
- Entsprechen die „alten" Vereinbarungen auch bzgl. der Dokumentationspflichten auf Seiten des Auftraggebers wie auch des Auftragnehmers den Anforderungen der DS-GVO?

4.3.2 Was ist auf Seiten des Auftraggebers zu beachten?

Bei der Einbindung eines Dienstleisters muss sich die mit der Beauftragung befasste Stelle des Verantwortlichen Gedanken machen, mit welchen personenbezogenen Daten der künftige Auftragsverarbeiter Umgang haben wird.

Darauf basierend muss auf Seiten des Auftraggebers das mit der Auftragsverarbeitung einhergehende Risiko analysiert werden. Hierzu bewerten Sie bspw. die Faktoren „Schadenseintrittswahrscheinlichkeit" und „Schwere der Auswirkungen im Schadensfall für die Betroffenen".

Dazu zwei Beispiele:

Der Verantwortliche stellt die Infrastruktur, etwa einen Server, bereit. Der Dienstleister greift auf diesen Server des Verantwortlichen zu, um Daten dort abzuholen und bei sich weiter zu bearbeiten (bspw. Fehlersuche in einem Programm). Für beide Parteien, Auftraggeber wie Auftragnehmer, gilt: Je höher das mit der Verarbeitung einhergehende Risiko, desto höher die zu treffenden Schutzmaßnahmen.

Der Verantwortliche beauftragt einen Dienstleister mit der datenschutzgerechten Entsorgung des Papiermülls. Hierbei ist nicht auszuschließen, dass der Mitarbeiter des Dienstleistungsunternehmens personenbezogene Daten einsehen kann, etwa wenn er den Papiermüll in das dafür vorgesehene Fahrzeug kippt. Im Sinne des „je größer das Risiko desto höher die Schutzmaßnahmen" sollte sich der Verantwortliche auch Gedanken über die passenden Schutzklassen der Entsorgung gem. der DIN 66399 machen. Hierfür bieten Dienstleister bspw. verschiedene Schredder-Stufen an und stellen auch Datenschutztonnen (große, verschlossene Papierkörbe) bereit.

Das Risiko ist damit z.B. abhängig von Umfang und der Kategorie der zu verarbeitenden personenbezogenen Daten, der Anzahl der zugreifenden Stellen und auch der Speicherdauer. Zusammen ergibt das das Risiko. Je höher das Risiko, desto umfangreicher müssen die Schutzmaßnahmen in Verbindung mit der Auftragsverarbeitung ausfallen. Dieser Punkt kann beide beteiligten Parteien, also den Verantwortlichen und den Auftragsverarbeiter, treffen – siehe dazu auch Risiken in Kapitel 6.3.4.

Binden Sie bei Bedarf frühzeitig Kollegen/Mitarbeiter aus der IT-Sicherheit in den Prozess zur Analyse des Risikos mit ein. Auch bei der Bewertung, ob getroffene Schutzmaßnahmen in Anbetracht des ermittelten Risikos „geeignet" sind oder nicht, und ob vom Auftragsverarbeiter zur Verfügung gestellte Garantien als „geeignet" angesehen werden können, ist das Fachwissen Ihrer IT-Sicherheitsbeauftragten eine wertvolle Hilfe.

4.4 Auswahl des Auftragnehmers

Bei der Auswahl des Auftragsverarbeiters ist darauf zu achten, dass dieser „hinreichende Garantien" für die Umsetzung der geeigneten technischen und organisatorischen Schutzmaßnahmen bietet. Das heißt in einem ersten Schritt ist zu prüfen, welche Daten über den Dienstleister verarbeitet werden sollen und welches Risiko damit einhergeht. In Anbetracht des festgestellten Risikos gilt es, eine Dokumentation der technischen und organisatorischen Maßnahmen (TOMs) beim Dienstleister anzufragen und zu entscheiden, ob diese geeignete Schutzmaßnahmen für die geplante Verarbeitung darstellen. Darüber hinaus hat der Dienstleister hinreichende Garantien für die TOMs in Form von Nachweisen zu bieten. Auch Nachweise über Einhaltung genehmigter Verhaltensregeln (Art. 40 DS-GVO) und genehmigter Zertifizierungsverfahren (Art. 42 DS-GVO) können herangezogen werden. Für den Verantwortlichen ergibt sich aus dem Schutzziel des Art. 28 DS-GVO auch die Pflicht, sich fortlaufend von der Einhaltung dieser Maßnahmen zu überzeugen.

Denken Sie also schon bei der Auswahl des Dienstleisters daran, regelmäßig wiederkehrende Prüftermine zu planen.

4.5 Vertragliche Regelungen der Auftragsverarbeitung – Pflichten des Auftragnehmers

Die vertraglichen Pflichten des Auftragnehmers werden im Vertrag zur Auftragsverarbeitung geregelt. Eine kurze Übersicht über die wichtigsten Pflichten des Auftragsverarbeiters, also des Auftragnehmers, findet sich in den folgenden Punkten:

4.5.1 Weisungen

Personenbezogene Daten dürfen beim Auftragnehmer nur auf dokumentierte Weisung des Verantwortlichen verarbeitet werden. Diese Weisung kann auch elektronisch, also bspw. per E-Mail erfolgen. Es muss aber aus Gründen der Nachweispflicht sichergestellt sein, dass die Weisung für drei weitere, volle Kalenderjahre abrufbar bleibt.

4.5.2 Verpflichtung auf das Datengeheimnis

Alle zur Datenverarbeitung befugten Personen müssen auf die Einhaltung des Datengeheimnisses verpflichtet sein.

4.5.3 Unterauftragnehmer

Für die Erbringung der Dienstleistung darf der Auftragnehmer nur dann weitere (Sub-)Dienstleister in die Verarbeitung auftragsgegenständlicher personenbezogener Daten einbinden, wenn das der Vertrag zulässt. Es besteht die Möglichkeit festzulegen, dass bestimmte Sub-Dienstleister des Auftragnehmers durch den Auftraggeber vertraglich als zulässig fixiert werden. Die Vertragsvorlage bietet die Möglichkeit auszuwählen, ob

- der Auftragnehmer über die Einbindung weiterer (Sub-)Dienstleister lediglich zu informieren ist und dieser eine Einspruchsmöglichkeit hat,
- der Auftragnehmer jedenfalls die Zustimmung des Auftraggebers einholen muss oder
- eine über die zum Vertragsschluss angeführten (Sub-)Dienstleister hinausgehende Beauftragung weiterer (Sub-)Dienstleister durch den Auftragnehmer unzulässig ist.

Der Auftragnehmer hat seinen (Sub-)Dienstleistern in jedem Fall dieselben Schutzpflichten aufzuerlegen und haftet für Verstöße des Unterauftragnehmers nach Maßgabe von Art. 28 Abs. 4 DS-GVO.

4.5.4 Unterstützungspflichten bei Beantwortung von Anfragen

Der Auftragsverarbeiter hat den Verantwortlichen soweit möglich bei der Beantwortung von Anträgen von betroffenen Personen zu unterstützen. Es handelt sich hierbei z.B. um Anträge auf Auskunft, Berichtigung oder Löschung von personenbezogenen Daten, soweit dies dem Auftragsverarbeiter zumutbar ist. Hierfür hat dieser geeignete technische und organisatorische Maßnahmen zu treffen.

Der Verantwortliche muss mit dem Auftragsverarbeiter eine Unterstützungspflicht u. a. bzgl. der Sicherheit der Verarbeitung, Meldung von Datenschutzverletzungen oder von Datenschutzfolgenabschätzungen vereinbaren. Die Reichweite dieser Pflicht richtet sich nach der Art der Verarbeitung und dem Umfang der personenbezogenen Daten, die dem Auftragsverarbeiter zur Verfügung stehen.

4.5.5 Löschung nach Vertragsbeendigung

Nach Abschluss des Vertrags zur Erbringung einer Auftragsverarbeitung sind alle personenbezogenen Daten zurückzugeben und zu löschen, soweit dem auf Seiten des Auftragnehmers keine Aufbewahrungsfristen entgegenstehen.

4.5.6 Pflicht zur Bereitstellung von Informationen und Ermöglichung von Überprüfungen

Komplexe Datenverarbeitungsvorgänge sind für den Verantwortlichen in der Regel häufig schwer nachvollziehbar. Der Auftragsverarbeiter hat den Verantwortlichen mit Nachweisen und der Ermöglichung von Überprüfungen und Vor-Ort-Kontrollen zu unterstützen.

4.5.7 Weitere Dokumentationspflichten des Auftragnehmers

Der Auftragsverarbeiter muss, zusätzlich zur Pflicht des Führens eines Verzeichnisses von Verarbeitungstätigkeiten nach Maßgabe des Art. 30 Abs. 1 DS-GVO, auch ein Verzeichnis von Verarbeitungstätigkeiten nach Maßgabe des Art. 30 Abs. 2 DS-GVO führen und dieses auf Verlangen der Aufsichtsbehörde zur Verfügung stellen.

Der Verantwortliche oder der Auftragsverarbeiter kann von betroffenen Personen auf Schadenersatz in Anspruch genommen werden. Auftragsverarbeiter und Verantwortliche haften gegenüber betroffenen Personen gesamtschuldnerisch auf Schadenersatz bei Datenschutzverstößen.

4.6 Prozessbeschreibung Einbindung neuer Dienstleister

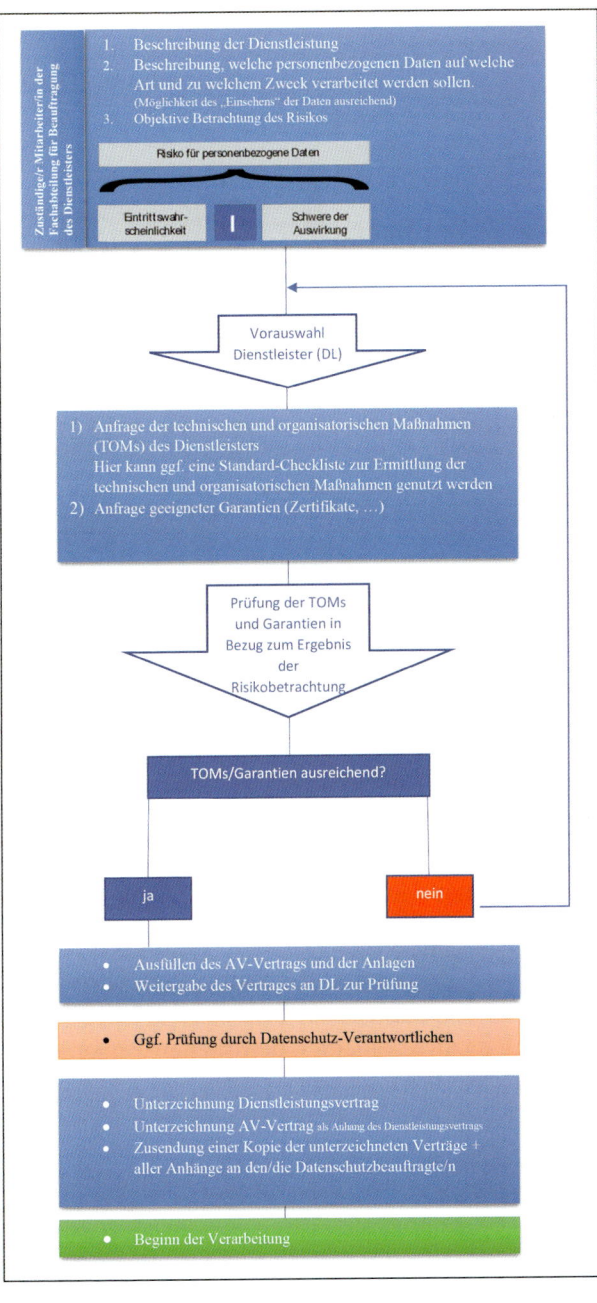

5 Informationspflichten und Betroffenenrechte

Mit der DS-GVO erfahren die Betroffenen (Kunden, Lieferanten, Endverbraucher, Bewerber) eine deutliche Stärkung ihrer Position bei der Verarbeitung ihrer personenbezogenen Daten. Es wird ihnen mehr Kontrolle über ihre personenbezogenen Daten und mehr Rechte bzgl. der Verarbeitung verliehen.

Eine zentrale Anforderung der Datenschutz-Grundverordnung für Unternehmen ist somit die Erfüllung der Informationspflichten und Betroffenenrechte. Ein komplettes Kapitel widmet sich in der DS-GVO diesem Bereich, der **Verantwortliche** dazu verpflichtet, betroffenen Personen die **Ausübung ihrer Rechte** zu erleichtern.

5.1 Informationspflichten

Einer der Grundsätze für die Verarbeitung personenbezogener Daten ist (gemäß Art. 5 Abs. 1 lit. a DS-GVO) die Transparenzpflicht.

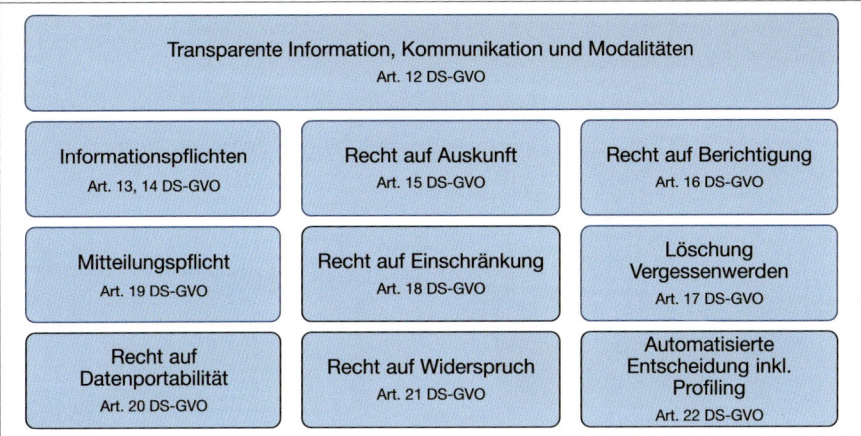

■ Übersicht über alle Anforderungen nach Kapitel „5.2 Betroffenenrechte"

Hiernach muss die Verarbeitung personenbezogener Daten für Betroffene, wie z.B. Kunden, Lieferanten oder auch Beschäftigte, jederzeit nachvollziehbar sein.

Denn nur wenn ein Betroffener transparent informiert wird und somit weiß, wie seine personenbezogenen Daten durch Ihr Unternehmen verarbeitet – und damit erhoben, gespeichert, übermittelt oder gelöscht – werden, kann er entscheiden, ob er bspw. mit Ihrem Unternehmen in geschäftlichen Kontakt treten, einen Vertrag schließen oder auch einen Newsletter beziehen möchte.

Der Verantwortliche, also Ihr Unternehmen, trifft somit geeignete Maßnahmen, um der betroffenen Person alle erforderlichen Informationen bereitzustellen – und das in präziser, transparenter, verständlicher und leicht zugänglicher Form, sowie in einer klaren und einfachen Sprache.

5.1.1 Wann ist zu informieren?

Transparent informiert ist der Betroffene dem Sinn nach, wenn dies bei der Erhebung seiner personenbezogenen Daten geschieht. Die Grundverordnung unterscheidet daher zwei Arten der Erhebung:

- direkt beim Betroffenen (Art. 13 DS-GVO)
- indirekt über einen Dritten (Art. 14 DS-GVO)

Für beide Arten sind klare Zeitpunkte definiert, wann die geforderten Informationen zur Verarbeitung dem Betroffenen zugänglich gemacht werden müssen:

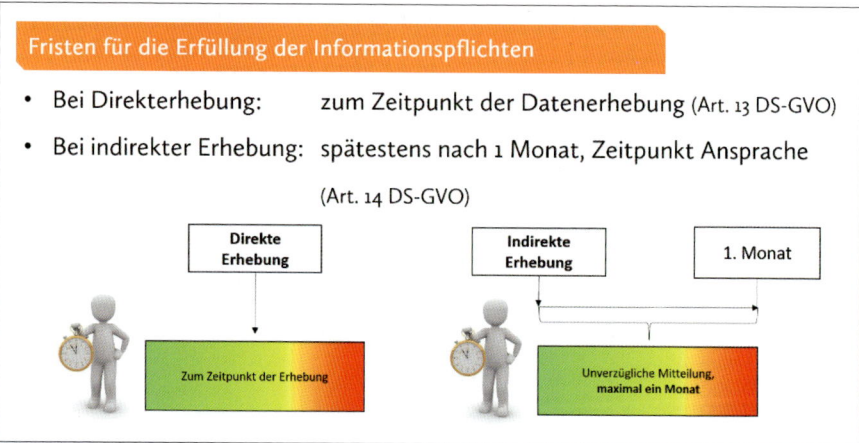

■ Fristen für die Erfüllung der Informationspflichten

5.1.2 Über was ist zu informieren?

Die erforderlichen Inhalte einer DS-GVO-konformen Information sind in den Art. 13 und 14 DS-GVO jeweils in Form eines abschließenden Katalogs aufgelistet.

 Aus Gründen der Übersichtlichkeit gehen wir in diesem Buch lediglich auf die Anforderungen der Informationspflichten aus Art. 13 DS-GVO ein. Die direkte Erhebung personenbezogener Daten beim Betroffenen durch Ihr Unternehmen, wie z.B. von Beschäftigten, Kunden oder Lieferanten, wird vermutlich die häufiger anzutreffende Art der Erhebung sein.

Zum Zeitpunkt der Erhebung ist die betroffene Person zu informieren über:
- die Identität des **Verantwortlichen**
- den Kontakt des **Datenschutzbeauftragen**
- die **Zwecke** und **Rechtsgrundlagen** der Datenverarbeitung
- die **berechtigten Interessen**, wenn Verarbeitung auf Art. 6 Abs. 1 lit. f DS-GVO beruht
- ggf. **Empfänger** oder Kategorien von Empfängern

- eine etwaige Absicht der Datenübermittlung in ein **Drittland**
- die **Dauer** der Speicherung
- die **Rechte** der betroffenen Person:
  - Recht auf Auskunft (Art. 15 DS-GVO)
  - Recht auf Berichtigung (Art. 16 DS-GVO)
  - Recht auf Löschen und Vergessenwerden (Art. 17 DS-GVO)
  - Recht auf Einschränkung der Verarbeitung (Art. 18 DS-GVO)
  - Recht auf Datenübertragbarkeit (Art. 20 DS-GVO)
  - Recht auf Widerspruch (Art. 21 DS-GVO)
- das Recht auf **Widerruf der Einwilligung**, wenn Verarbeitung auf Einwilligung beruht
- das Recht auf **Beschwerde** bei der Aufsichtsbehörde
- die Information, ob die Bereitstellung der personenbezogenen Daten **gesetzlich, vertraglich** oder für Vertragsabschluss **erforderlich** ist
- eine etwaige **automatisierte Entscheidung inkl. Profiling**

5.1.3 Wie ist zu informieren?

Die DS-GVO macht keine konkreten Angaben dazu, wie Ihre Kunden, Lieferanten, Bewerber oder auch Beschäftigten zu informieren sind.

Aus der aktuell gelebten Praxis zu empfehlen ist für eine Information an **externe Betroffene** (Kunden, Lieferanten, Bewerber) daher grundsätzlich der Kommunikationskanal, über den Sie jederzeit verfügbar und präsent sind: Ihre Website.

Unterscheiden Sie dabei zwischen allgemeinen Informationen zur Verarbeitung, die für alle (externen) Betroffenen identisch sind und Informationen zur Verarbeitung von personenbezogenen Daten von Kunden, Lieferanten, Bewerbern oder sonstigen Betroffenenkategorien.

Einen Baukasten für Ihre (externen) Informationspflichten finden Sie in Kapitel 9.6.

Praxistipp

Das reine Bereitstellen der Informationen auf der Website erfüllt die Informationspflichten für Unternehmen aber nur zu gewissen Teilen und nicht vollständig.

Tipps aus der Umsetzungspraxis sind daher:

- Integrieren Sie einen Link „Informationen zum Datenschutz" in Ihre E-Mail-Signaturen, der direkt auf die Informationen nach Art. 13 DS-GVO verlinkt. In jeglicher Kommunikation mit (neuen) Kontakten verweisen Sie somit auf die Informationen zu Ihrer Verarbeitung personenbezogener Daten.
- Weisen Sie Kontakte auf Messen oder anderen Akquiseterminen mündlich auf die Informationspflichten auf Ihrer Website hin und platzieren Sie gegebenenfalls einen entsprechenden Aushang. Im Nachgang der Messe oder des Termins erfolgt i. d. R. ein weiterer elektronischer Kontakt per E-Mail, die dann den direkten Link enthält.
- Erfüllen Sie bspw. auf Messen Ihre Informationspflichten, indem Sie einen entsprechenden Aushang am Messestand anbringen.
- Geben Sie am Telefon einen Hinweis auf die entsprechenden Informationen zum Datenschutz auf Ihrer Website oder bieten Sie die Möglichkeit des Abspielens einer entsprechenden Bandansage an, in der die erforderlichen Informationen kund getan werden.

Noch ein Hinweis: Ausgenommen von den Informationspflichten ist, wenn die Betroffenen bereits über die Information verfügen. Haben Sie bspw. einen Kundenkontakt bereits informiert, müssen Sie beim nächsten Treffen auf der Messe nicht wieder auf die Verarbeitung personenbezogener Daten und somit Informationspflichten auf Ihrer Website hinweisen. Der Link in der E-Mail-Signatur bleibt davon unberührt und stört niemanden, der über die Informationen bereits verfügt.

Da die Informationspflichten für Ihre Beschäftigten auch Informationen enthalten, die nicht für externe Betroffene bestimmt sind, ist es ratsam, diese separat vorzuhalten. Hierzu bieten sich folgende Möglichkeiten an:

- im Intranet
- in einer separaten, für alle Beschäftigten leicht zugänglichen Ordnerstruktur auf dem Unternehmensserver
- als interner Aushang
- als Informationspapier, das neuen Kollegen mit dem Arbeitsvertrag gesendet wird

Einen Baukasten für Ihre Informationspflichten für die Beschäftigten finden Sie in Kapitel 9.7.

5.1.4 5 konkrete Umsetzungsschritte in der Praxis

1. Lassen Sie die Informationspflichten entsprechend vorbereiten. Dies kann durch Sie unterstützt werden, sofern Sie dies aus Ihrer Position und Ihrem Wissen heraus beantworten können.
2. Dazu sollten Kollegen aus den entsprechenden Unternehmensbereichen kontaktiert und Termine vereinbart werden, in welchen diese die Informationen aus deren Fachbereichen zuliefern.
3. Das fertige Dokument sollte von der Geschäftsführung verabschiedet werden.
4. Die Informationspflichten sind dann auf entsprechenden Kanälen (Internet, Intranet ...) bereitzustellen.
5. Das Unternehmen muss einen Prozess aufsetzen, der sicherstellt, dass die Informationspflichten aktuell gehalten und in regelmäßigen Abständen geprüft werden. Die Informationspflichten sind zu versionieren, Vorversionen zu archivieren.

5.2 Betroffenenrechte

5.2.1 Welche Rechte hat der Betroffene?

Die Betroffenenrechte gemäß der Datenschutz-Grundverordnung finden sich in den Art. 15 bis 21 DS-GVO wieder. Der Verantwortliche hat bei Ausübung eines der Rechte durch einen Betroffenen diesem nachzukommen und entsprechend vorzugehen und zu antworten.

Recht auf Auskunft, Art. 15 DS-GVO

Die DS-GVO gibt mit dem Auskunftsrecht der betroffenen Person die Verpflichtung vor, dass diese Auskunft über ihre in einem Unternehmen gespeicherten Daten anfragen können und diese übermittelt bekommen, und dass dies grundlegend erst einmal

- ohne Begründung und
- ohne Nachweis eines berechtigten Interesses

angefordert werden kann.

Das Unternehmen muss sodann
- zeitnah,
- entgeltfrei,
- in analoger oder digitaler Form und
- in verständlicher Art und Weise

darauf antworten.

Der Inhalt der Auskunft über die verarbeiteten personenbezogenen Daten ist in der DS-GVO abschließend in einem Katalog definiert. Dieser umfasst:
- die Verarbeitungszwecke
- die Kategorien personenbezogener Daten
- die aktuellen und künftigen Empfänger(-kategorien) der Daten
- die geplante Dauer der Datenspeicherung und die Kriterien für deren Löschfrist (soweit möglich)
- das Bestehen eines Rechts auf Berichtigung oder Löschung der gespeicherten Daten, Einschränkung der Verarbeitung oder Widerspruch gegen die Verarbeitung
- das Bestehen eines Beschwerderechts bei einer Aufsichtsbehörde
- die Herkunft der Daten
- die automatisierten Entscheidungsfindungen im Rahmen der Datenverarbeitung
- die Maßnahmen, die im Falle einer Datenübermittlung an Drittländer den dortigen datenschutzkonformen Umgang garantieren

Recht auf Berichtigung, Art. 16 DS-GVO

Betroffene haben das Recht auf unverzügliche Berichtigung sie betreffender unrichtiger personenbezogener Daten.

Recht auf Löschung, Art. 17 DS-GVO

Betroffene haben das Recht auf Löschung der sie betreffenden personenbezogenen Daten.

Diese sind zu löschen, wenn folgende Fälle eintreten:
- die Notwendigkeit der Verarbeitung zur Zweckerreichung ist entfallen
- Wegfall der Rechtsgrundlage, bspw. Widerruf der Einwilligung
- ein Betroffener legt Widerspruch gegen Verarbeitung ein

- bei unrechtmäßiger Verarbeitung personenbezogener Daten
- für die Erfüllung einer anderen Rechtspflicht erforderlich
- bei Erhebung im Rahmen Art. 8 Abs. 1 DS-GVO (Kinder + Dienste der Infogesellschaft)

Um dem „Recht auf Vergessenwerden" auch und gerade im Netz mehr Geltung zu verschaffen, wurde das Recht auf Löschung dahingehend ausgeweitet, dass ein Unternehmen, welches personenbezogene Daten öffentlich gemacht hat, dazu verpflichtet wird, jenen Verantwortlichen, die diese Daten verarbeiten, mitzuteilen, alle Links zu diesen personenbezogenen Daten oder Kopien oder Replikationen der personenbezogenen Daten zu löschen.

Zu empfehlen ist die Entwicklung von Strukturen und Prozessen für die Prüfung angemessener Maßnahmen zur Umsetzung des „Vergessenwerdens", sowie die Information anderer Verantwortlicher über das Löschbegehren des Betroffenen.

Recht auf Einschränkung der Verarbeitung, Art. 18 DS-GVO

Die betroffene Person hat das Recht, von dem Verantwortlichen die Einschränkung der Verarbeitung zu verlangen, wenn eine der folgenden Voraussetzungen gegeben ist:

- Richtigkeit der Daten wurde vom Betroffenen bestritten, der Verantwortliche konnte dies noch nicht prüfen
- Verarbeitung ist unrechtmäßig, der Betroffene verlangt statt einer Löschung die Einschränkung der Verarbeitung
- Zweck der Verarbeitung ist erloschen, der Betroffene benötigt Daten jedoch zur Geltendmachung, Ausübung oder Verteidigung von Rechtsansprüchen
- Betroffener hat Widerspruch gegen die Verarbeitung eingelegt (Basis: berechtigtes Interesse des Verantwortlichen), es ist aber noch nicht geklärt, ob die berechtigten Interessen gegenüber dem Betroffenen überwiegen

Eine weitere Verarbeitung nach der Einschränkung ist nur möglich, wenn:

- die Einwilligung des Betroffenen,
- Geltendmachung, Ausübung oder Verteidigung von Rechtsansprüchen vorliegt,
- der Schutz von Rechten anderer Personen gewahrt werden muss oder
- eine Öffnungsklausel eines EU-Mitgliedsstaates vorliegt.

Recht auf Datenübertragbarkeit, Art. 20 DS-GVO

Die betroffene Person muss von ihr dem Verantwortlichen bereitgestellte personenbezogene Daten erhalten können bzw. durch diesen Verantwortlichen zu einem anderen Verantwortlichen übermittelt werden können.

Voraussetzungen für das Recht auf Datenübertragbarkeit ist das Vorliegen von

- einer Einwilligung des Betroffenen gem. Art. 6 Abs. 1 lit. a DS-GVO
- einer Einwilligung des Betroffenen gem. Art. 9 Abs. 2 lit. a DS-GVO
- ein Vertrag gem. Art. 6 Abs. 1 lit. b DS-GVO

und, dass die Verarbeitung mithilfe automatisierter Verfahren erfolgt.

Die Datenbereitstellung hat zu erfolgen:

- in einem strukturierten, gängigen und maschinenlesbaren (Art. 20 Abs. 1 DS-GVO) (…) und interoperablen Format
- per Übermittlung oder einer sonstigen Form der Bereitstellung

Generell gilt:

- die alleinige Gewährung eines Zugangs zu den Daten wird nicht ausreichen
- es gibt keine konkrete Formatvorgabe
- „gängig": i. d. R. an Marktgegebenheiten und Stand der Technik orientiert

Die Bereitstellung der Daten hat unentgeltlich zu erfolgen. Bei exzessiven Anträgen (Häufigkeit) kann ein angemessenes Entgelt bereitgestellt werden.

Recht auf Widerspruch, Art. 21 DS-GVO

Ebenfalls zu den Rechten der Betroffenen gehört das Recht auf Widerspruch.

Eine betroffene Person kann gegen die Verarbeitung ihrer personenbezogenen Daten Widerspruch einlegen, wenn diese auf der Rechtsgrundlage gemäß Art. 6 Abs. 1 lit. e DS-GVO oder Art. 6 Abs. 1 lit. f DS-GVO basiert.

Die betroffene Person kann von ihrem Recht auf Widerspruch dann Gebrauch machen, wenn sich eine im Ausgangspunkt rechtmäßig erscheinende Verarbeitung personenbezogener Daten im Nachhinein und unter Berücksichtigung der individuellen Situation des Betroffenen als unzulässig erweist.

Der Verantwortliche muss hier bspw. nicht zwingend eine falsche Argumentation bei der Begründung seines berechtigten Interesses vertreten. Der Verantwortliche kann bei der Interessenabwägung grundsätzlich eine pauschale Bewertung der Interessen aller betroffenen Personen zu Rate ziehen. Ist im Einzelfall das schutzwürdige Interesse der betroffenen Person höher zu bewerten als das berechtigte Interesse Ihres Unternehmens, so hat die Betroffene das Recht auf Widerspruch gegen die Verarbeitung ihrer personenbezogenen Daten (KAMANN, BRAUN 2017).

Der Widerspruch

- muss begründet werden
- ist jederzeit möglich
- kann gegen die gesamte Verarbeitung oder Teile der Verarbeitung (z.B. nur Profiling) eingelegt werden
- hat bei berechtigtem Widerspruch zur Folge, dass die Verarbeitung beendet werden muss

Bei einer Verarbeitung personenbezogener Daten zum Zwecke der Direktwerbung hat der Betroffene ein spezielles, uneingeschränktes und bedingungsloses Widerspruchsrecht.

Der Widerspruch

- muss **nicht** begründet werden
- ist jederzeit möglich
- kann gegen die gesamte Verarbeitung oder Teile der Verarbeitung (z.B. nur Profiling) eingelegt werden
- führt unmittelbar dazu, dass die Verarbeitung beendet werden muss.

5.2.2 In welchem Zeitraum sind die Betroffenenrechte zu erfüllen?

Macht eine Betroffene Gebrauch von einem ihrer Rechte, so muss Ihr Unternehmen umgehend aktiv werden. Denn die DS-GVO macht hier eine klare zeitliche Vorgabe, in deren Rahmen dem Ersuchen der Betroffenen nachzukommen ist.

Die Mitteilung hat unverzüglich, in jedem Fall aber innerhalb **eines Monats** zu erfolgen.

Eine Verlängerung auf **drei Monate** ist nur möglich, wenn Ihr Unternehmen nachweislich eine Vielzahl an Anfragen von Betroffenen erhalten hat und diese Anzahl nicht innerhalb eines Monats bearbeitet werden kann.

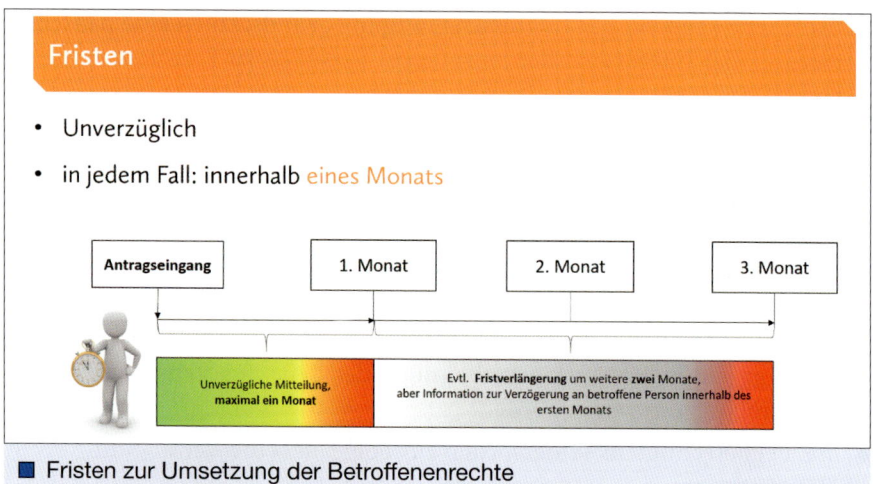

Fristen zur Umsetzung der Betroffenenrechte

5.2.3 Implementierung eines Prozesses zur Erfüllung der Betroffenenrechte

Im Hinblick auf die zeitliche Frist, in der ein Ersuchen einer betroffenen Person zu beantworten ist, ist klar, dass ein Monat keineswegs viel Zeit ist – ganz im Gegenteil. Umso wichtiger ist es, einen internen Prozess zu implementieren, der sicherstellt, dass Ihr Unternehmen die zeitliche Frist einhalten kann. Der Prozess deckt optimalerweise auch alle möglichen Arten von Ersuchen Betroffener ab.

In der Praxis hat sich nachfolgender Prozess bewährt, der den Ablauf eines Auskunftsersuchens skizziert (s. Abb. auf Seite 63).

Unabhängig vom Kommunikationskanal (Telefon, Fax, E-Mail, Post oder persönliches Erscheinen) und unabhängig davon, über welchen Kontaktpunkt (Empfang, Vertriebsmitarbeiter, Customer Service, Marketing, …) ein Ersuchen in Ihrem Unternehmen eintrifft, muss sichergestellt sein, dass der Prozess gestartet wird.

So ist bei der Kontaktaufnahme bereits darauf zu achten, dass der Name des Betroffenen, die Art des Ersuchens und eine valide Kontaktmöglichkeit für Rückfragen (Telefonnummer) aufgenommen werden.

Ihre Beschäftigten sollten das Ersuchen dann umgehend an den intern Verantwortlichen für den Datenschutz oder ihren disziplinarischen Vorgesetz-

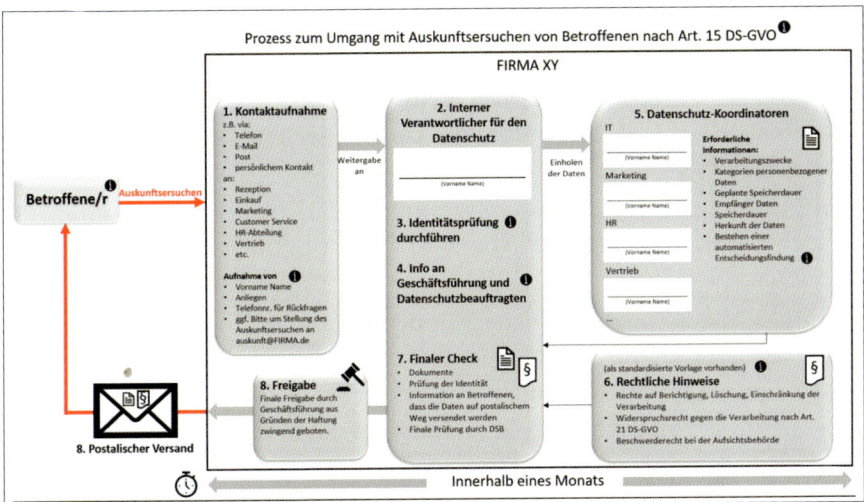

Ablauf eines Auskunftersuchens

ten weitergeben. Die weiteren Schritte können eingeläutet und die erforderlichen Informationen intern gesammelt werden.

Vor dem finalen Versand an die Betroffene sollten die Unterlagen aus Gründen der Haftung durch die Geschäftsführung freigegeben werden.

Wichtig
Es ist eine Identitätsprüfung des Betroffenen insoweit zu gewährleisten, als dass die Informationen auch nur an den Betroffenen übermittelt werden dürfen.

Aus der Praxis zu empfehlen ist, das Auskunftsersuchen auf postalischem Weg an die bei Ihnen zuletzt benannte postalische Adresse zu senden. Ausnahmen hierbei ergeben sich bei verschiedenen Konstellationen im Online- oder Social Media-Bereich. Hier kann gegebenenfalls auch auf elektronischem Weg beauskunftet werden.

5.2.4 5 konkrete Umsetzungsschritte in der Praxis

1. Ihr Unternehmen sollte einen Prozess zur Beantwortung von Betroffenenanfragen vorbereiten und diesen mit der Geschäftsführung abstimmen.

2. Die disziplinarischen Vorgesetzten aus den Abteilungen sollten über mögliche Betroffenenanfragen informiert und sensibilisiert werden.
3. Es sollten Vorlagen für (idealer Weise stets identische) Teile der Antworten entstehen (z.b. Informationen zu den Rechten der betroffenen Person).
4. Im Unternehmen sind Sensibilisierungsmaßnahmen durchzuführen, um auch die eigenen Beschäftigten zum Thema Betroffenenrechte zu informieren.
5. Sie als Datenschutzbeauftragter können intern Testläufe von Betroffenenanfragen durchführen und anhand der Ergebnisse Vorschläge unterbreiten, die den Prozess fortlaufend optimieren.

6 Technische und organisatorische Maßnahmen (TOMs)

Die Umsetzung und Beschreibung von technischen und organisatorischen Maßnahmen (TOMs) ist ein elementarer Bestandteil auf dem Weg zur DS-GVO Compliance. Dabei findet sich die Forderung nach technischen und organisatorischen Maßnahmen neben vielen anderen Verweisen konkret in den Artikeln 28 und 32 DS-GVO.

Eine wichtige Unterscheidung ist hier zu treffen. Die technischen und organisatorischen Maßnahmen des **Verantwortlichen** beziehen sich auf jegliche Datenverarbeitungen des Unternehmens. Hierbei handelt es sich um eine ausführliche Dokumentation sämtlicher Verarbeitungstätigkeiten und deren Schutzmaßnahmen.

Die technischen und organisatorischen Maßnahmen des **Auftragsverarbeiters** beziehen sich überwiegend nur auf die Verarbeitungstätigkeiten, die bei der Verarbeitung von personenbezogenen Daten im Auftrag des Auftraggebers involviert sind.

Dazu ein Beispiel:

Ein Auftragsverarbeiter verarbeitet im Auftrag eines Auftraggebers Adresslisten. Diese werden auf Weisung des Auftraggebers nach gewissen Kriterien sortiert und dann dem Auftraggeber zurückgegeben.

Die Adresslisten werden dafür vom Auftraggeber auf einem SFTP-Server des Auftragsverarbeiters bereitgestellt. Der Auftragsverarbeiter seinerseits verarbeitet die Daten auf einem Server in einem externen Rechenzentrum. Der Zugriff auf diese Daten erfolgt ausschließlich aus der Betriebsstätte des Auftragsverarbeiters und nur über die Laptops der Mitarbeiter.

Die technischen und organisatorischen Maßnahmen des Auftragsverarbeiters umfassen in diesem Fall den SFTP-Server, das Rechenzentrum, die Laptops der Mitarbeiter und die Betriebsstätte sowie ggf. weitere relevante, in die Verarbeitung der auftragsgegenständlichen Daten eingebundenen Systeme. Hierbei ist bspw. das Backup der Daten der Personalabteilung des Auftragsverarbeiters nicht relevant.

An dieser Stelle sei erwähnt, dass sich die folgenden Abschnitte sowohl auf die reine Dokumentation und Bewertung der bereits vorhandenen technischen und organisatorischen Maßnahmen als auch auf Implementierung neuer Maßnahmen anwenden lassen.

6.1 Was sind technische und organisatorische Maßnahmen?

Unternehmen müssen zum Schutz der in Bezug auf die Verarbeitung personenbezogener Daten bestehenden Rechte und Freiheiten natürlicher Personen geeignete technische und organisatorische Maßnahmen treffen, damit die Anforderungen der Datenschutz-Grundverordnung erfüllt werden.

Dabei geht es nicht nur um den Schutz der Daten bei der Speicherung/Ablage der Daten auf Computersystemen oder in Ordnern, sondern auch um den Schutz dieser Daten während der (Weiter-)Verarbeitung, Übertragung oder des Transports. Außerdem sind Maßnahmen notwendig, um die Daten bei Verlust wiederherstellen zu können. Man unterscheidet zwischen technischen und organisatorischen Maßnahmen.

Technische Maßnahmen meint jene, die physisch umsetzbar sind. Das sind z.B.

- Umzäunung des Bürogebäudes, des Rechenzentrums oder sonstiger Gebäude in denen personenbezogene Daten verarbeitet oder gelagert/gespeichert werden,
- Alarmanlagen jeglicher Art, um den unbefugten Zutritt zu überwachen,
- Feuer- und Rauchmelder, Löschanlagen,
- unterbrechungsfreie Stromversorgung,
- …

Außerdem alle Maßnahmen, die über Soft- und Hardware umgesetzt werden. Das sind z.B.

- Steuerung von Zugang zu Computersystemen über Anmeldung der User mit einem Benutzerkonto,
- Steuerung von Zugriffen auf Daten über Rechtevergabe und Zuweisung von Rollen,
- Backup,
- Verschlüsselung,
- …

Unter **organisatorischen Maßnahmen** sind Handlungsanweisungen, Verfahrens- und Prozessvorgaben zu verstehen. Das sind z.B.:

- Prozess zur Besucheranmeldung,
- Arbeitsanweisung zum Umgang mit (fehlerhaften) Druckerzeugnissen,
- festgelegte Intervalle zur Stichprobenprüfungen,
- Vier-Augen-Prinzip,
- …

6.2 Inhalt der technischen und organisatorischen Maßnahmen

Die DS-GVO nennt in Artikel 32 konkrete Vorgaben für technische und organisatorische Maßnahmen. Diese sind jedoch nicht abschließend. Hierbei werden folgende Maßnahmen genannt:

- **Pseudonymisierung** und **Verschlüsselung** personenbezogener Daten;
- die Fähigkeit, die **Vertraulichkeit, Integrität, Verfügbarkeit** und **Belastbarkeit** der Systeme und Dienste im Zusammenhang mit der Verarbeitung auf Dauer sicherzustellen;
- die Fähigkeit, die **Verfügbarkeit** der personenbezogenen Daten und den Zugang zu ihnen bei einem physischen oder technischen Zwischenfall rasch **wiederherzustellen**;
- ein Verfahren zur regelmäßigen **Überprüfung, Bewertung** und **Evaluierung der Wirksamkeit** der technischen und organisatorischen Maßnahmen zur Gewährleistung der Sicherheit der Verarbeitung.

Dadurch ist eine eher abstrakte Definition gegeben. Eine ausführlichere Definition fand sich früher in der Anlage zu § 9 BDSG a.F. Im Folgenden skizzieren wir Ihnen diese Maßnahmen:

- **Zutrittskontrolle:** Unbefugten ist der Zutritt zu Datenverarbeitungsanlagen, mit denen personenbezogene Daten verarbeitet oder genutzt werden, zu verwehren.
  - z.B. Umzäunung des Geländes, Besucherempfang, Pförtner, usw.
- **Zugangskontrolle:** Es ist zu verhindern, dass Datenverarbeitungssysteme von Unbefugten genutzt werden können.
  - z.B. Benutzerauthentifizierung, Prozesse zur Überprüfung von Berechtigungen, Passwortverfahren, usw.
- **Zugriffskontrolle:** Es ist zu gewährleisten, dass die zur Benutzung eines Datenverarbeitungssystems Berechtigten ausschließlich auf die ihrer Zugriffsberechtigung unterliegenden Daten zugreifen können, und dass personenbezogene Daten bei der Verarbeitung, Nutzung und nach der Speicherung nicht unbefugt gelesen, kopiert, verändert oder entfernt werden können.
  - z.B. Rechte-Rollen-Konzept, Auswertung von Logfiles, Domainregelungen (sog. GPO, **G**roup **P**olicy **O**bjects, bzw. Gruppenrichtlinienobjekte), usw.
- **Weitergabekontrolle:** Es ist zu gewährleisten, dass personenbezogene Daten bei der elektronischen Übertragung oder während ihres Transports oder ihrer Speicherung auf Datenträgern nicht unbefugt gelesen, kopiert,

verändert oder entfernt werden können, und dass überprüft und festgestellt werden kann, an welchen Stellen eine Übermittlung personenbezogener Daten durch Einrichtungen zur Datenübertragung vorgesehen ist.

- z.B. Verschlüsselung, Transport von Datenträgern durch ausgewählte Dienstleister, Einsatz von sicheren Übertragungsprotokollen (SFTP, SSL o.ä.), usw.
- **Eingabekontrolle:** Es ist zu gewährleisten, dass nachträglich überprüft und festgestellt werden kann, ob und von wem personenbezogene Daten in Datenverarbeitungssysteme eingegeben, verändert oder entfernt worden sind.
  - z.B. Protokolle von Änderungen von Daten, Protokollierung der Administrator-Aktivitäten, Auswertung der Protokolldaten usw.
- **Auftragskontrolle:** Es ist zu gewährleisten, dass personenbezogene Daten, die im Auftrag verarbeitet werden, nur entsprechend den Weisungen des Auftraggebers verarbeitet werden können.
  - z.B. Prozesse zur Auswahl von Dienstleistern, Überprüfung von Dienstleistern, Regelungen zur Weisungsbefugnis usw.
- **Verfügbarkeitskontrolle:** Es ist zu gewährleisten, dass personenbezogene Daten gegen zufällige Zerstörung oder Verlust geschützt sind.
  - z.B. Backup, redundante Systeme, Verteilung auf Brandabschnitte usw.
- **Trennungskontrolle:** Es ist zu gewährleisten, dass zu unterschiedlichen Zwecken erhobene Daten getrennt verarbeitet werden können.
  - z.B. Mandantentrennung, Trennung von Produktions- und Testsystemen, Betrieb unterschiedlicher Instanzen usw.

Die Definitionen für technische und organisatorische Maßnahmen nach Anlage zu § 9 BDSG a.F. lässt sich in die Definition der technischen und organisatorischen Maßnahmen nach DS-GVO integrieren. Verwenden Sie dazu auch die Vorlage aus Kapitel 9.8.

6.3 Bewertung der Wirksamkeit/Auswahl geeigneter technischer und organisatorischer Maßnahmen/Risikobewertung

Bei der Bewertung der Wirksamkeit und der richtigen Auswahl von technischen und organisatorischen Maßnahmen sind verschiedene Faktoren für die Geeignetheit einzubeziehen. Das sind die Berücksichtigung ...

a) des Stands der Technik
b) der Implementierungskosten
c) von Art, Umfang, Umstand und Zweck der Verarbeitung
d) der unterschiedlichen Eintrittswahrscheinlichkeit und Schwere des Risikos für den Betroffenen

6.3.1 Stand der Technik

Der Stand der Technik ist ein unbestimmter Begriff, dazu es gibt aber Orientierungshilfen.

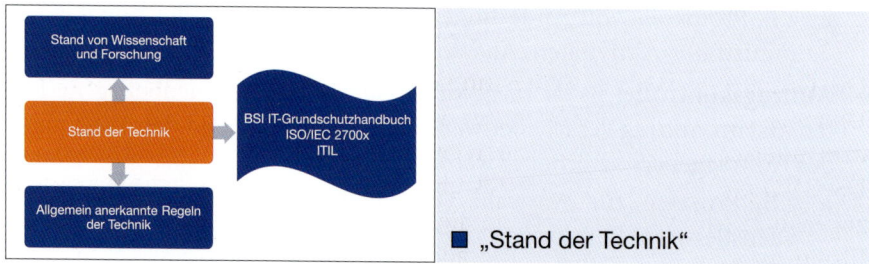

■ „Stand der Technik"

Der IT-Grundschutz des Bundesamtes für Sicherheit in der Informationstechnik (BSI) bietet dabei eine gute Orientierungshilfe. Der IT-Grundschutz des BSI ist eine bewährte Methodik, um in Behörden und Unternehmen jeder Größe das Niveau der Sicherheit der Datenverarbeitung zu erhöhen und zu erhalten. Dabei ist der IT-Grundschutz eng angelehnt an ISO 27001 Standards und geht an manchen Stellen sogar darüber hinaus.

Auch andere Leitfäden können für eine Absicherung der Datenverarbeitung zu Grunde gelegt werden. Hier wären neben ISO 27001 und IT Infrastructure Library (ITIL) auch PCI DSS oder weitere zu nennen. Diese sind jedoch oftmals nicht frei erhältlich und bereits die Beschreibungen der Standards kosten oftmals schon mehrere hundert oder tausend Euro. Der IT-Grundschutz vom BSI ist hingegen für jedermann frei zugänglich und kostenlos.

6.3.2 Implementierungskosten

Die Berücksichtigung der Implementierungskosten bietet auch kleinen und mittelständischen Unternehmen (KMUs) die Möglichkeit, geeignete technische und organisatorische Maßnahmen zu wählen, ohne dabei das Budget der IT-Abteilung oder des gesamten Unternehmens über das Maß hinaus zu belasten. Die technischen und organisatorischen Maßnahmen sind dabei dennoch so zu treffen, dass ein ausreichender Schutz gewährleistet ist. An große Konzerne dürfte der Maßstab aber deutlich höher gerichtet werden als bei einem kleinen Handwerksbetrieb. Generell ist festzuhalten, dass viele technische und organisatorische Maßnahmen oftmals schon durch die Umsetzung einfachster Maßnahmen von großer Wirkung sind. So sind Maßnahmen wie z.B. Anti-Viren- und Malware-Programme, ein gutes Backup der Daten und Mechanismen zur Verschlüsselung von Daten schon für kleines Geld oder sogar kostenlos erhältlich und haben zugleich eine große Wirkung. Das spiegelt sich auch in den Maßnahmen wieder, die vom BSI definiert sind.

6.3.3 Art, Umfang, Umstand und Zweck der Verarbeitung

Die Grundlagen bei der Bemessung der Geeignetheit der TOMs sind Art, Umfang, Umstand und Zweck der Verarbeitung. Es ist selbstverständlich, dass unterschiedlich sensible Daten jeweils angemessen zu schützen sind. Die DS-GVO definiert in Artikel 9 z.B. „besondere Kategorien von personenbezogenen Daten". Die Verarbeitung dieser Daten birgt grundlegend ein hohes Risiko für den Betroffenen. Aber auch bei personenbezogenen Daten, die nicht dieser Definition entsprechen, muss eine Abwägung getroffen werden. Die Verarbeitung von Bankdaten, Sozialversicherungsnummern, Gehaltsinformationen o.Ä. birgt oftmals ein deutlich höheres Risiko für den Betroffenen als beispielsweise die Verarbeitung eines Namens oder der geschäftlichen E-Mail-Adresse.

Werden Daten in großen Mengen verarbeitet, ist die Gefahr deutlich höher, dass diese Ziel eines Angriffs oder Verlustes werden. Auch hier muss dem durch den Umfang der Verarbeitung bedingtem erhöhten Risiko Rechnung getragen und der Schutz der Daten entsprechend sichergestellt werden.

Zu guter Letzt ist aber auch der Zweck der Datenverarbeitung ein Faktor, der Berücksichtigung finden muss. Der Zweck der Datenverarbeitung steht häufig eng mit der Art der Daten in Verbindung. So werden zum Beispiel im Personalbereich zum Zweck des Personalmanagements oft sehr sensible Daten verarbeitet. Das sind Daten über Bankverbindungen, Gesundheitsdaten, Religionszugehörigkeit usw. Diese Arten von Daten müssen einen besonders hohen Schutz genießen.

6.3.4 Kann man Risiko berechnen?

Die Risikobewertung spielt an vielen Stellen eine wichtige Rolle, so auch bei der Festlegung von geeigneten technischen und organisatorischen Maßnahmen. Das Risiko kann durch die Eintrittswahrscheinlichkeit einer Schutzverletzung und die Schwere der Auswirkung für den Betroffenen bemessen werden.

Dabei ist bei jeder Verarbeitung von personenbezogenen Daten immer ein

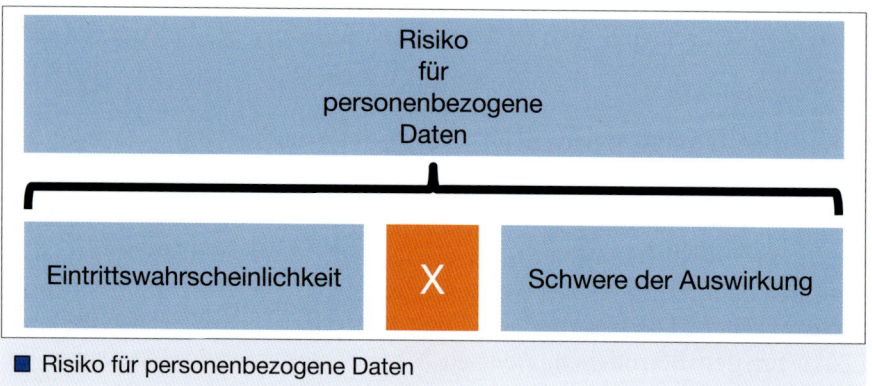

■ Risiko für personenbezogene Daten

Risiko für die Rechte und Freiheiten der betroffenen Person anzunehmen. Das Risiko steigt mit der Eintrittswahrscheinlichkeit für eine Schutzverletzung der personenbezogenen Daten.

Eine Schutzverletzung kann dabei Vernichtung, Verlust oder Veränderung, eine unbefugte Offenlegung oder unbefugter Zugang bedeuten. Dabei spielt es keine Rolle, ob dies unbeabsichtigt oder unrechtmäßig geschieht.

Die Eintrittswahrscheinlichkeit einer Schutzverletzung ist beispielsweise bei einem ungeschützten Webserver deutlich höher als bei einem Webserver in einer sogenannten DMZ[3]. Gleiches gilt für Personalakten, die offen abgelegt werden im Vergleich zu Personaldaten, die in einem verschlossenen Schrank im verschlossenen Büro der Personalabteilung aufbewahrt werden. Die Eintrittswahrscheinlichkeit der Offenlegung von Daten bei der Arbeit im Internetcafé, Flughafen oder Bahnhof ist deutlich höher als in der Betriebsstätte des Unternehmens, um noch ein letztes Beispiel zu nennen.

---

[3] DMZ: Demilitarisierte Zone; damit wird ein ein Computernetz mit sicherheitstechnisch kontrollierten Zugriffsmöglichkeiten auf die daran angeschlossenen Server bezeichnet.

Die Schwere der Auswirkung richtet sich nach der Art der Daten und den möglichen Folgen für die betroffene Person. Dabei ist hier generell vom schlimmsten denkbaren Szenario auszugehen. Die Veränderung einer Arzneimittelmedikation kann für eine betroffene Person im schlimmsten Fall zum Tode führen. Die Auswirkungen für die betroffene Person beim Verlust einer geschäftlichen E-Mail-Adresse sind dagegen eher vernachlässigbar.

Auswirkung / Schadenshöhe	
existenzbedrohend	Gefahr für die Freiheit, Gesundheit oder das Leben von Betroffenen
beträchtlich	finanzielle Auswirkungen, Beeinträchtigung der Existenz
begrenzt	negative Außenwirkung, Reputationsverlust
vernachlässigbar	keine nennenswerte Beeinträchtigung bzw. frei zugängliche Daten

■ Auswirkung und Schadenshöhe

In der nachfolgenden Abbildung finden Sie eine Tabelle als Hilfsmittel, um das Risiko für die betroffene Person nach den oben genannten Überlegungen in vier Kategorien (gering, mittel, hoch und sehr hoch) zu klassifizieren. Je höher dabei das Risiko für die betroffene Person, umso höher muss die Schutzwirkung der technischen und organisatorischen Maßnahmen sein.

Ergibt sich bei dieser Betrachtung ein sehr hohes Risiko für die betroffene Person, so ist eine Datenschutzfolgenabschätzung gemäß Artikel 35 DS-GVO notwendig. Weitere Informationen dazu finden im Kapitel 6.6 „Datenschutzfolgenabschätzung".

Auswirkung / Schadenshöhe		selten	mittel	häufig	sehr häufig
	existenzbedrohend	mittel	hoch	sehr hoch	sehr hoch
	beträchtlich	mittel	mittel	hoch	sehr hoch
	begrenzt	gering	gering	mittel	hoch
	vernachlässigbar	gering	gering	gering	gering
		\multicolumn{4}{c}{Eintrittswahrscheinlichkeit}

■ Risikobewertung

6.4 Löschkonzept

Nach der DS-GVO gibt es keine konkrete Forderung zur Entwicklung eines Löschkonzeptes. In Artikel 5 DS-GVO finden wir aber die Grundsätze der Rechtmäßigkeit, Zweckbindung und vor allem den Grundsatz der Speicherbegrenzung. Das bedeutet, wenn die Rechtsgrundlage für die Verarbeitung entfallen ist oder der Zweck nicht mehr gegeben ist, dann sind die Daten im Sinne der Speicherbegrenzung zu löschen.

Um diesen Anforderungen nachkommen zu können, empfiehlt sich also die Planung und Implementierung eines Löschkonzepts.

Die Entwicklung und Implementierung eines Löschkonzepts ist ein sehr komplexer Vorgang. Es muss bekannt sein, welche personenbezogenen Daten im Unternehmen überhaupt verarbeitet werden. Es muss geprüft werden, welche Aufbewahrungsfristen für die einzelnen Daten gelten. Es muss außerdem geprüft werden, wo diese Daten gespeichert sind und ob es eventuell weitere Kopien der Daten gibt. Abschließend sind Mechanismen zu entwickeln, wie die personenbezogenen Daten, optimalerweise automatisiert, gelöscht werden können. Dieses Kapitel beschreibt daher nur das generelle Vorgehen und sollte nicht den Anspruch erfüllen, ein fertiges Löschkonzept darzustellen.

6.4.1 Aufbewahrungsfristen

Über die Forderung nach einer Löschung von Daten gemäß DS-GVO hinaus gibt es eine Reihe von Aufbewahrungsfristen, die in einer Reihe von anderen Gesetzen definiert sind.

Hiernach sind z.B. Handelsbriefe sechs Jahre, Steuerbescheide und -erklärungen sogar zehn Jahre aufzubewahren. Von diesen Aufbewahrungsfristen gibt es eine Vielzahl. Speziell die Daten der Personal- und Finanzabteilungen erfahren eine Reihe von Fristen für die Aufbewahrung.

Grundlagen sollte das Verzeichnis von Verarbeitungstätigkeiten liefern können. Dort sind die Rechtsgrundlagen für die Verarbeitung der Daten definiert. Aus diesen können dann oftmals auch die Aufbewahrungsfristen und somit die Löschzeiten entnommen werden.

6.4.2 DIN 66398

Ein hilfreicher Ansatz für die Entwicklung und Implementierung eines Löschkonzeptes bietet die DIN 66398 „Leitlinie zur Entwicklung eines Löschkonzepts mit Ableitung von Löschfristen für personenbezogene Daten". Eine kostenlose Vorversion dieser DIN ist unter folgender URL verfügbar: https://www.secorvo.de/publikationen/din-leitlinie-loeschkonzept-hammer-schuler-2012.pdf

6.4.3 Schritt für Schritt zum Löschkonzept

Erfassen der zu löschenden personenbezogenen Daten

Wie schon vorab erwähnt, sollte diese Arbeit bereits erledigt sein. Ein vollständiges Verzeichnis von Verarbeitungstätigkeiten bietet eine gute Übersicht über alle personenbezogenen Daten inkl. der Rechtsgrundlagen. Hiervon können oftmals die Aufbewahrungsfristen abgeleitet werden.

Zusammenfassen zu Datenarten

Fassen Sie die personenbezogenen Daten, die dem gleichen Zweck dienen, die gleiche Aufbewahrungsfrist haben und besondere Kategorien von personenbezogenen Daten zu sogenannten Datenarten zusammen. Grenzen Sie diese Daten von denen ab, die mittels Auftragsverarbeitern verarbeitet werden.

Bilden von Löschklassen

Aus dem Startdatum der Verarbeitungszeit plus der Bearbeitungszeit der Daten plus der Aufbewahrungsfrist der Daten werden Löschklassen definiert.

Löschregeln definieren

Nachdem die Löschklassen definiert wurden, können die Datenarten diesen Löschklassen zugeordnet werden. Daraus ergibt sich ein konkretes Datum für das Löschen dieser Daten. Somit sind die Löschregeln definiert.

Archivierung von Daten

Eine Reihe von Daten wird nicht für den täglichen Gebrauch benötigt. Wenn der eigentliche Zweck der Verarbeitung nicht mehr gegeben ist, aber noch die Aufbewahrungsfristen eingehalten werden müssen, so sind diese Daten zu archivieren. Daten zu archivieren bedeutet, dass diese nicht mehr im ständigen Zugriff sind, die Daten nicht mehr geändert werden können und nur bei entsprechendem Bedarf ein Zugriff auf diese Daten gewährt werden darf.

Dies sollte bereits bei der Planung des Löschkonzepts Berücksichtigung finden und die Regeln, wann die Daten ins Archiv überführt werden, an dieser Stelle definiert werden.

Sonderfälle

Unter bestimmten Voraussetzungen sollten Sonderfälle für die Löschung von Daten vorgesehen werden. Das ist zum Beispiel dann der Fall, wenn ein Betroffener die Löschung der Daten wünscht oder personenbezogene Daten nicht gesetzeskonform verarbeitet wurden. Diese Sonderfälle sollten in jedem Fall Berücksichtigung im Löschkonzept finden. Hier ist in jedem Fall eine genaue Prüfung der Sonderfälle erforderlich.

Löschprozesse einrichten

Die Löschung der Daten sollte im besten Fall automatisiert erfolgen. Eine manuelle Löschung wird gerne hinausgeschoben, da die Umsetzung nicht immer einfach ist. Hier lohnt sich der Einsatz von Dokumenten-Management-Systemen oder Datenbanken. Je zentraler Daten verarbeitet und gespeichert werden, je weniger Kopien der Daten angefertigt werden, umso leichter ist die Umsetzung des Löschkonzepts denkbar.

Zu definierten Zeiten sollte eine Löschroutine durchgeführt und die personenbezogenen Daten, die den oben genannten Kriterien entsprechen, gelöscht werden.

Es empfiehlt sich, entsprechende Protokolle anzufertigen. Diese können als Nachweis für eine erfolgreich durchgeführte Löschung von personenbezogenen Daten dienen.

Sonderfall Auftragsverarbeitung

Werden Daten von einem Auftragsverarbeiter verarbeitet, so sollte vertraglich im AV-Vertrag eine Regelung zum Löschen oder Zurückgeben der personenbezogenen Daten definiert sein. Prüfen Sie dahingehend Ihre Verträge. Lassen Sie sich, wie auch bei Ihren eigenen Daten, ein Protokoll der Löschung als Nachweis bereitstellen.

6.5 Datenschutzmanagement-System

Wie Sie sicher bereits festgestellt haben, ist Datenschutz kein leichter Job. Die Organisation und Steuerung der Aufgaben und Anforderungen, Dokumentationen und Prüfungen kann man als Datenschutzmanagement betrachten.

Datenschutzmanagement ist also ein Managementmodell, um die Anforderungen der DS-GVO und weiterer, für den Datenschutz relevanter Vorgaben, systematisch zu planen, zu steuern und zu kontrollieren.

Es gibt viele ähnliche Managementmodelle, die teilweise schon seit vielen Jahren bekannt sind. Darunter fallen z.B. das Qualitäts-, Prozess- oder auch Informationssicherheitsmanagement. Im Grunde sind all diese ähnlich strukturiert und verfolgen den gleichen Ansatz.

Sollte ein Managementsystem in Ihrem Unternehmen bereits im Einsatz sein, müssen Sie das Rad für den Datenschutz nicht neu erfinden. Sprechen Sie mit den Kollegen, oftmals sind hier Synergieeffekte möglich.

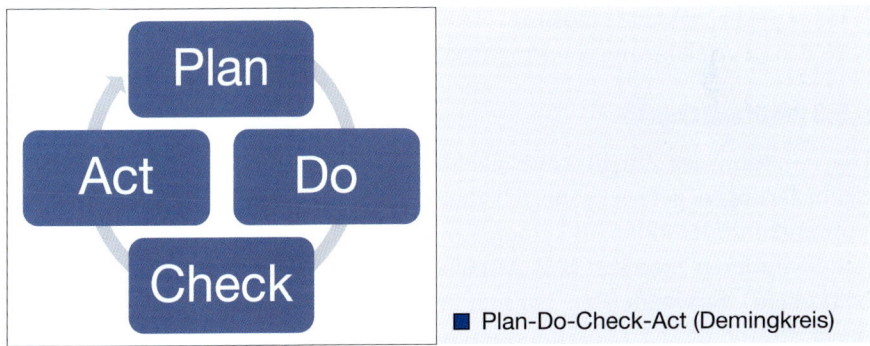

■ Plan-Do-Check-Act (Demingkreis)

Der sog. Demingkreis bildet die Grundlage für diverse Managementmodelle. Er besteht in der Regel aus diesen vier Phasen: Planen, Umsetzen, Prüfen und Reagieren (Plan, Do, Check, Act). Sie werden bemerken, dass der Kreis keinen definierten Anfangs- oder Endpunkt hat. So ist es beim Datenschutzmanagement auch. Es gibt kein definiertes Ende. Es wird ein fortlaufender Prozess der Planung, Umsetzung, Prüfung und Reaktion notwendig sein. Und wenn Sie einen Durchlauf vollzogen haben, beginnt der Prozess (nach einer definierten Zeit, nach einem bestimmten Auslöser z.B. einem Datenschutzvorfall) erneut.

Nehmen wir als einfaches Beispiel die Planung einer neuen Verarbeitungstätigkeit, z.B. den Einsatz einer elektronischen Zutrittskontrolle.

6.5.1 Planen (Plan)

Die Geschäftsleitung plant, eine elektronische Zutrittskontrolle für das Bürogebäude und einzelne Abteilungsbereiche zu implementieren. Dadurch können Berechtigungen zu einzelnen Bereichen sehr genau vergeben und gesteuert werden. Dabei sollen elektronische Sender (Transponder) an die Mitarbeiter ausgegeben werden, die mit diesem Transponder die Bürotüren öffnen können. Die Transponder sollen den Mitarbeitern fest zugeordnet werden. In der entsprechenden Software wäre es dann möglich, die Zeiten auszulesen, wann der Mitarbeiter das Büro betreten und später verlassen hat. Ein entsprechendes Rechte-Rollen-Konzept sorgt dafür, dass nur ein festgelegter Kreis von Beschäftigten die Zutrittsberechtigung für die jeweiligen Transponder der Mitarbeiter vergeben kann. Außerdem kann mittels des Rechte-Rollen-Konzepts sichergestellt werden, dass die Zutritte zum Büro nur im Bedarfsfall und nur für Berechtigte eingesehen werden können.

6.5.2 Umsetzen (Do)

Nachdem die passende Lösung (Transponder und Software) gefunden ist, wird das neue elektronische Zutrittskontrollsystem installiert.

6.5.3 Prüfen (Check)

Die Funktion des Zutrittskontrollsystems wird gegen die zuvor definierten Anforderungen getestet. Speziell das Rechte-Rollen-Konzept steht hier im Vordergrund. Es sollte auf keinen Fall möglich sein, die Daten aus dem System zu anderen Zwecken (z.B. Mitarbeiterkontrolle und Einhaltung von Arbeitszeiten) verwenden zu können. Werden hier Unregelmäßigkeiten entdeckt, so sind diese zu dokumentieren und im nächsten Schritt muss reagiert werden.

6.5.4 Reagieren (Act)

Angenommen, in der Prüfphase wurde festgestellt, dass das Rechte-Rollen-Konzept seinen Zweck nicht hinreichend erfüllt. Dann müssten Maßnahmen getroffen werden, wie das Rechte-Rollen-Konzept neu definiert und umgesetzt werden kann. Die Planung der Umsetzung dieser Maßnahmen ist dann wieder der erste Schritt im Demingkreis, die Planungsphase.

Selbst wenn in der Prüfphase keine Unregelmäßigkeiten festgestellt wurden, so müssen alle Phasen in definierten Intervallen erneut durchlaufen werden. Dadurch kann beispielsweise sichergestellt werden, dass auch nach einem Jahr des Betriebes das Rechte-Rollen-Konzept erneut geprüft wird, schließlich sind eventuell weitere Zugriffsrechte vergeben worden.

Der erneute Durchlauf einer Überprüfung kann aber auch durch einen Vorfall ausgelöst werden. Kommen z.B. weitere Bereiche hinzu, in denen das System installiert wird, so sind die Aufgaben erneut zu durchlaufen.

Das gleiche Prinzip ist für die meisten Tätigkeiten des Datenschutzbeauftragten anzuwenden. Handelt es sich um Prozesse, technische und organisatorische Maßnahmen oder die Governance-Struktur. Alles muss regelmäßig auf den Prüfstand und auf Aktualität, Umsetzung und Wirksamkeit geprüft werden.

6.5.5 Datenschutzmanagement-Software

Um all diese Arbeiten strukturiert durchführen und die benötigten Dokumentation an einer zentralen Stelle ablegen zu können sowie für die Prüfungen in der Zukunft vorbereitet zu sein, empfiehlt sich der Einsatz von Software.

Dabei gibt es recht einfache Mittel wie z.B. die Dokumentation der erforderlichen Nachweise mit Word und Excel, die Planung von Terminen im Kalender und mit Projektplänen, die Zusammenarbeit mit Kollegen per E-Mail oder Telefon.

Es gibt aber auch eine Reihe sehr ausgeklügelter Software-Lösungen, die Sie nicht nur bei der Einhaltung der gesetzlichen Bestimmungen unterstützen, die Zusammenarbeit mit Kollegen vereinfachen, regelmäßige Erinnerungen an Prüfungen vornehmen, sondern auch eine zentrale Ablagestelle für die erstellten Nachweise bieten.

Wir möchten an dieser Stelle keine konkreten Empfehlungen für bestimmte Software-Produkte aussprechen. Schauen Sie sich zu dem Thema gerne im Internet um. Es gibt eine Vielzahl von Lösungen. Diese können i. d. R. für einen gewissen Zeitraum testweise genutzt werden, oftmals erhalten Sie auch eine Demonstration der Funktionen. Die Auswahl hängt aber oft auch vom Budget ab. Es gibt durchaus Lösungen, die sich generell nur für große Unternehmen mit großem Budget eigenen. Aber auch günstigere Lösungen bieten oftmals bereits einen großen Mehrwert.

6.6 Datenschutzfolgenabschätzung

Wie bereits im Kapitel „Technische und organisatorische Maßnahmen" vorgestellt, muss, sofern die Risikobewertung von Verarbeitungsvorgängen ein hohes Risiko für die betroffenen Personen ausweist, eine Datenschutzfolgenabschätzung (DSFA) durchgeführt werden (siehe Kapitel 6.6).

6.6.1 Was ist eine Datenschutzfolgenabschätzung?

Eine Datenschutzfolgenabschätzung ist ein konkret durchzuführender Prozess zur Beschreibung, Bewertung und Eindämmung von Risiken für die Rechte und Freiheiten natürlicher Personen bei der Verarbeitung personenbezogener Daten.

Eine Datenschutzfolgenabschätzung ist immer dann durchzuführen, wenn die Form der Verarbeitung der personenbezogenen Daten voraussichtlich ein hohes Risiko für die betroffenen Personen zur Folge hat. Das kann beispielsweise beim Einsatz von neuen Technologie der Fall sein.

Ein Kernelement sind dabei Abhilfemaßnahmen, durch die der Schutz der zu verarbeitenden personenbezogenen Daten sichergestellt werden kann.

Die Aufsichtsbehörden haben den konkreten Auftrag erhalten, Kataloge mit typischen Verarbeitungsvorgängen bereitzustellen, bei denen eine Datenschutzfolgenabschätzung in jedem Fall durchzuführen ist.

Ein erster Katalog dazu wurde gerade vom Landesbeauftragten für Datenschutz und Informationsfreiheit Baden-Württemberg in Zusammenarbeit mit anderen Aufsichtsbehörden veröffentlicht. Zeitgleich wurden auch von anderen Aufsichtsbehörden entsprechende Listen bereitgestellt.

Dieser Katalog nennt u. a.:

- Offline-Tracking von Kundenbewegungen in Warenhäusern
- Scoring durch Auskunfteien, Banken oder Versicherungen
- Einsatz von Dienstleistern mit Sitz außerhalb der EU durch medizinische Leistungserbringer
- Inkassodienstleistungen
- Data-Loss-Prevention-Systeme
- Online-Bewertungsportal bspw. für Ärzte, Selbstständige oder Lehrer
- Betrieb von Dating- und Kontaktportalen oder großen sozialen Netzwerken
- Big-Data-Analyse von Kundendaten, die mit Angaben aus Drittquellen angereichert wurden
- Geolokalisierung von Beschäftigten
- Fraud-Prevention-Systeme
- Verkehrsstromanalyse auf der Grundlage von Standortdaten des öffentlichen Mobilfunknetzes

- Erfassung des Kaufverhaltens unterschiedlicher Personenkreise zur Profilbildung und Kundenbindung unter Zuhilfenahme von Preisen, Preisnachlässen und Rabatten
- Einsatz von RFID/NFC durch Apps oder Karten
- Video-/Telefongespräch-Auswertung mittels Algorithmen
- Verschiedene Bereiche der Fahrzeugdatenverarbeitung
- Einsatz von Telemedizin-Lösungen zur detaillierten Bearbeitung von Krankheitsdaten
- Zentrale Speicherung der Messdaten von Sensoren, die in Fitnessarmbändern oder Smartphones verbaut sind
- Mandantendatenverarbeitungen in großen Anwaltskanzleien

Die vollständigen Dokumente können bei den jeweiligen Aufsichtsbehörden heruntergeladen werden.

6.6.2 Wie ist eine Datenschutzfolgenabschätzung durchzuführen?

In Artikel 35 Absatz 7 DS-GVO sind die Mindestanforderungen an eine Datenschutzfolgenabschätzung beschrieben:
- eine systematische Beschreibung der geplanten Verarbeitungsvorgänge und der Zwecke der Verarbeitung, gegebenenfalls einschließlich der von dem für die Verarbeitung Verantwortlichen verfolgten berechtigten Interessen
- eine Bewertung der Notwendigkeit und Verhältnismäßigkeit der Verarbeitungsvorgänge in Bezug auf den Zweck
- eine Bewertung der Risiken der Rechte und Freiheiten der betroffenen Personen
- die zur Bewältigung der Risiken geplanten Abhilfemaßnahmen, einschließlich Garantien, Sicherheitsvorkehrungen und Verfahren, durch die der Schutz personenbezogener Daten sichergestellt und der Nachweis dafür erbracht werden soll, dass die Bestimmungen dieser Verordnung eingehalten werden, wobei den Rechten und berechtigten Interessen der betroffenen Personen und sonstiger Betroffener Rechnung getragen werden soll.

Eine Datenschutzfolgenabschätzung ist damit ein recht komplexer Prozess. Mit Hilfe der folgenden Ablaufdiagramme soll dieser näher erläutert werden:

Ablauf Planung DSFA

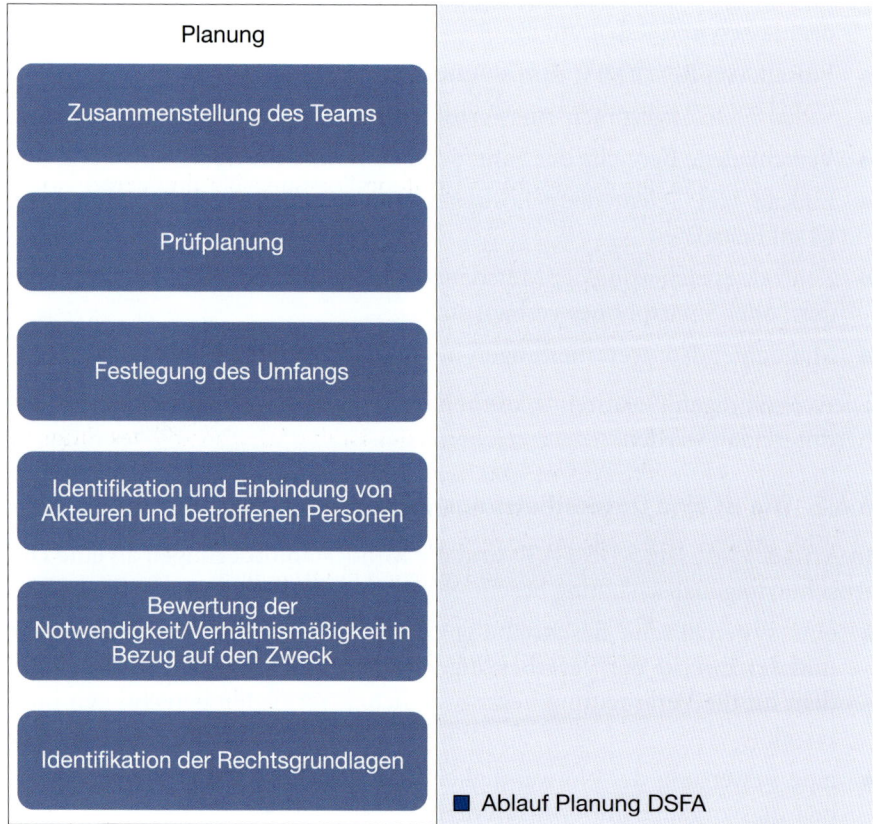

■ Ablauf Planung DSFA

1. Zusammensetzung des Teams:
   Die Datenschutzfolgenabschätzung ist ein sehr komplexer Vorgang. Hierbei muss ein Team zusammengestellt werden, welches Fachwissen zum Thema Datenschutz, Risikobewertung und exaktes Wissen über den Verarbeitungsprozess besitzt. Eventuell ist es ratsam, zusätzlich Hard- und Software-Experten der Hersteller oder Spezialisten der Auftragsverarbeiter hinzuzuziehen.
2. Prüfplanung:
   Es ist ratsam einen Prüfplan zu entwerfen, um die zeitliche Planung für die Datenschutzfolgenabschätzung einordnen zu können.

3. Festlegung des Beurteilungsumfangs:
   Der in der Datenschutzfolgenabschätzung zu betrachtende Verarbeitungsvorgang ist von anderen deutlich abzugrenzen. Eine exakte Beschreibung inkl. aller Datenflüsse ist zu erstellen. Ebenso sind die genauen Zwecke der Verarbeitung zu dokumentieren.
4. Identifikation und Einbindung von Akteuren und betroffenen Personen:
   Um die möglichen Folgen für betroffene Personen bei der Verarbeitung besser einschätzen zu können, ist es ratsam den Standpunkt eben dieser Betroffenen einzuholen. Zusätzlich sind ggf. mitbestimmende Gremien zu befragen (z.B. Betriebsrat).
5. Bewertung der Notwendigkeit/Verhältnismäßigkeit in Bezug auf den verfolgten Zweck:
   Es muss geprüft werden, ob die Verarbeitungstätigkeit angemessen ist, um den verfolgten Zweck zu erreichen. Hier ist die Auswirkung des Eingriffs in die Persönlichkeitsrechte der betroffenen Personen zu berücksichtigen. Es ist außerdem zu prüfen, ob es andere Möglichkeiten der Verarbeitung gibt, die ggf. den gleichen Zweck erfüllen und dabei weniger intensiv in die Persönlichkeitsrechte der Betroffenen eingreifen.
6. Identifikation der Rechtsgrundlagen:
   Wie bei allen Verarbeitungstätigkeiten sind auch hier die Rechtsgrundlagen zu benennen.

Ablauf Durchführung DSFA

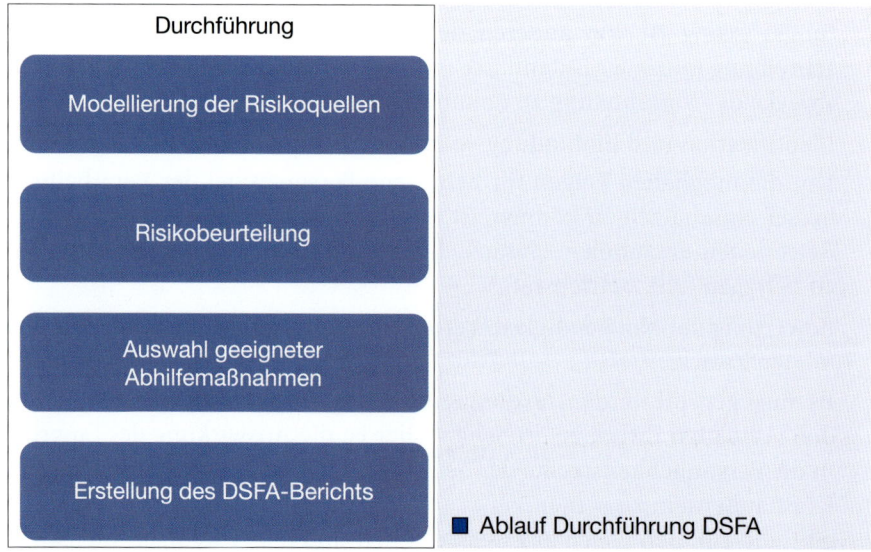

Ablauf Durchführung DSFA

1. Modellierung der Risikoquellen
   Die Risikoquellen müssen identifiziert werden. Es ist zu bestimmen, welche Personen motiviert sein könnten, die Daten unrechtmäßig zu verwenden – gleich ob dies absichtlich oder unabsichtlich geschieht –, welche Beweggründe und welche möglichen Ziele es geben könnte. Darüber kann dann auch die Eintrittswahrscheinlichkeit für eine Schutzverletzung bei der Verarbeitung von personenbezogenen Daten bestimmt werden. Weitere Informationen zu Eintrittswahrscheinlichkeit und Risikobewertung sind in Kapitel 6 „Technische und organisatorische Maßnahmen" zu finden.
2. Risikobeurteilung
   Wie bereits im Abschnitt „Technische und organisatorische Maßnahmen" definiert, ist das Risiko mit den dort genannten Werkzeugen zu bestimmen.
3. Auswahl geeigneter Abhilfemaßnahmen
   Je nach Schwere des Risikos müssen geeignete technische und organisatorische Maßnahmen definiert werden, um die Daten und damit die möglichen Auswirkungen für die betroffenen Personen zu minimieren. Verbleiben Restrisiken, sind diese zu dokumentieren.

4. Erstellung des DFSA-Berichts
   Nach den im Abschnitt „Wie ist eine Datenschutzfolgenabschätzung durchzuführen" genannten Mindestanforderungen an eine DSFA, ist ein Bericht zu erstellen. Hierbei ist auch der Umgang mit einem möglichen Restrisiko zu beschreiben.

Ablauf Umsetzung DSFA

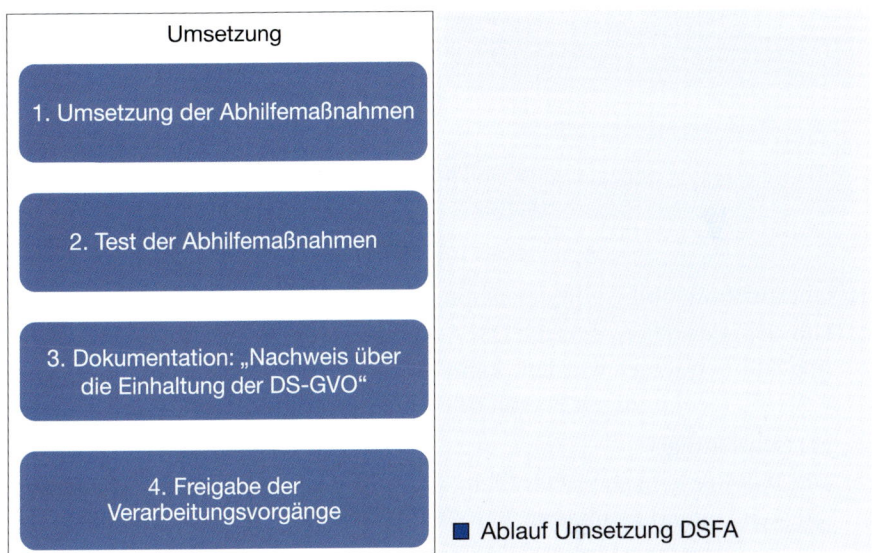

Ablauf Umsetzung DSFA

1. Umsetzung der Abhilfemaßnahmen
   Da die DSFA gem. den Vorgaben der DS-GVO vor der Durchführung der Verarbeitungsvorgänge durchzuführen ist, sind die zuvor benannten Maßnahmen zur Eindämmung des Risikos entsprechend auch im Vorfeld umzusetzen.
2. Test der Abhilfemaßnahmen
   Mit der Umsetzung der Abhilfemaßnahmen ist deren Wirksamkeit zu prüfen und auf Dauer sicherzustellen bzw. fortlaufend zu prüfen.
3. Dokumentation: Nachweis über die Einhaltung der DSFA
   Die DS-GVO fordert eine umfassende Erbringung von Nachweisen über die Einhaltung der DS-GVO (siehe dazu auch Artikel 5 DS-GVO). Der Bericht zur durchgeführten DSFA und der Nachweis über die Wirksamkeit der Abhilfemaßnahmen sind ein wichtiger Teil dessen.

4. Freigabe der Verarbeitungsvorgänge
Sind die Schritte bis hierher erfolgreich durchgeführt, kann die Verarbeitung durch den Verantwortlichen freigegeben werden.

Ablauf Überprüfung DSFA

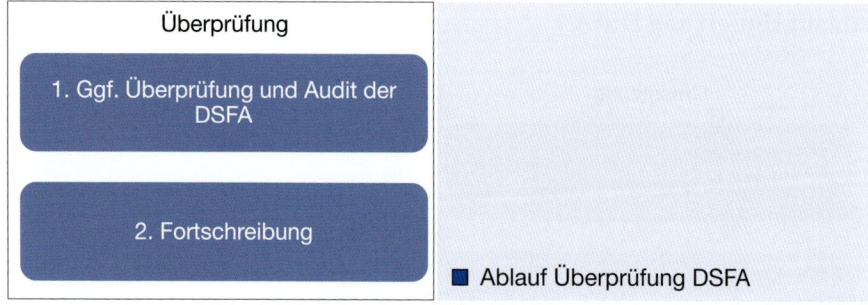

Ablauf Überprüfung DSFA

1. Überprüfung und Audit der DSFA
Um sicherzustellen, dass die DSFA ordnungsgemäß durchgeführt und alle Aspekte betrachtet wurden, kann es sinnvoll sein, die DSFA von einer weiteren fachkundigen Person oder einem Auditor überprüfen zu lassen.
2. Fortschreitung
Die DSFA ist kein statisches Element. Es ist notwendig, die Verarbeitungstätigkeit laufend zu überwachen. Bei Änderungen des Risikos oder anderen maßgeblichen Einflussfaktoren ist der Bereich ggf. erneut zu prüfen und zu bewerten.

6.6.3 Unterstützung für die Durchführung einer Datenschutzfolgenabschätzung

Es gibt bereits einige Werkzeuge, die zur Unterstützung bei der Durchführung und der Dokumentation einer Datenschutzfolgenabschätzung verwendet werden können. Zusätzlich gibt es zahlreiche ausführliche Dokumentationen zum Thema Datenschutzfolgenabschätzung.

Ein durchaus hilfreiches Werkzeug ist bei der französischen Aufsichtsbehörde (CNIL) als „open source" Software verfügbar, dieses kann auf der Website der französischen Aufsichtsbehörde heruntergeladen werden und ist u. a. auch in Deutsch verfügbar.

7 Umgang mit Datenschutzverstößen

Der beste Schutz von personenbezogenen Daten kann niemals zu einhundert Prozent vor einer Schutzverletzung von personenbezogenen Daten schützen. Davon ausgehend ist bereits vor einer eventuellen Datenschutzverletzung ein Prozess zum korrekten Umgang mit dem Fall der Fälle zu entwickeln und zu implementieren.

7.1 Was sind Datenschutzverstöße?

Die Definition für Datenschutzverstöße finden wir in Art. 4 Nr. 12 DS-GVO.

Eine „Verletzung des Schutzes personenbezogener Daten" ist eine Verletzung der Sicherheit, die zur Vernichtung, zum Verlust oder zur Veränderung, ob unbeabsichtigt oder unrechtmäßig, oder zur unbefugten Offenlegung von – bzw. zum un-

befugten Zugang zu – personenbezogenen Daten führt, die übermittelt, gespeichert oder auf sonstige Weise verarbeitet wurden.

Die reine Offenlegung von personenbezogenen Daten gegenüber Unbefugten ist also schon ein Datenschutzverstoß. Ein solcher Verstoß passiert recht schnell. In einer E-Mail mit mehreren Empfängern wird versehentlich ein falscher Empfänger ausgewählt. Das bedeutet, dass die anderen E-Mail-Adressen, also personenbezogene Daten, dem versehentlich ausgewählten Empfänger offengelegt werden. Gleiches passiert regelmäßig bei der Arbeit in der Bahn, am Flughafen oder an anderen öffentlichen Plätzen. Es ist oftmals ein leichtes, die Inhalte auf Smartphones und Laptops einzusehen oder die von lauten Telefonaten mitzuhören zu können. Aber auch unter Kollegen ist eine Offenlegung von personenbezogenen Daten schnell passiert. Sie sitzen an Ihrem Platz und bearbeiten personenbezogene Daten von Kunden oder anderen Kollegen (Personalabteilung). Ein Kollege kommt vorbei und steht plötzlich direkt neben Ihnen mit Blick auf Ihren Monitor. Sind die Daten nicht für den Kollegen zur Durchführung seiner Tätigkeit notwendig, so liegt eine Offenlegung von personenbezogenen Daten gegenüber einem Unbefugten vor.

Es gibt aber weitaus schlimmere Datenschutzverstöße. Ein verlorenes, unverschlüsseltes oder gestohlenes Notebook, offene und ungesicherte Server im Internet, gestohlene Zugangsdaten von Onlineportalen, versehentlich oder mutwillig gelöschte Daten usw. – die Liste ist beinahe unendlich.

Eine wichtige Überlegung für die nächsten Schritte ist an dieser Stelle wieder die Risikobewertung. Welche Auswirkungen sind für die betroffenen Personen im schlimmsten Fall zu erwarten? Bei Datenschutzverstößen rund um Namen oder E-Mail-Adressen sind diese sicherlich überschaubar.

Bei der Offenlegung von Zugangsdaten, Bankdaten oder Gesundheitsdaten sind die zu erwartenden Risiken für den Betroffenen unter Umständen existenzgefährdend oder sogar lebensbedrohlich.

Sie erinnern sich sicherlich an die Risikobetrachtungen aus dem Kapitel 6 „Technische und organisatorische Maßnahmen". Diese Risikobetrachtungen finden hier erneut Anwendung.

Im Falle einer Datenschutzverletzung sind zwei Artikel der DS-GVO zu berücksichtigen.

Artikel 33 DS-GVO beschreibt die Meldung von Verletzungen des Schutzes personenbezogener Daten bei der Aufsichtsbehörde und Artikel 34 DS-GVO beschreibt die Benachrichtigung der von einer Verletzung des Schutzes personenbezogener Daten betroffenen Person(en).

Es ist unbedingt zu beachten, dass in beiden Fällen die Meldung vom Verantwortlichen vorzunehmen ist. Hier sollte der Datenschutzbeauftrage also lediglich Unterstützung leisten bei der Erarbeitung des Vorfalls und bei den zu treffenden Gegenmaßnahmen.

7.2 Meldung an die Aufsichtsbehörde

Nach Artikel 33 DS-GVO sind Datenschutzverstöße unverzüglich und möglichst binnen 72 Stunden nach Bekanntwerden der zuständigen Aufsichtsbehörde zu melden. Wurde die Schutzverletzung bei einem Auftragsverarbeiter bekannt, so meldet sie dieser unverzüglich dem Verantwortlichen, aber niemals direkt an die zuständige Aufsichtsbehörde.

Die Meldung umfasst zumindest folgende Informationen:

- eine Beschreibung der Art der Verletzung des Schutzes personenbezogener Daten
- die Kategorie der Daten
- die ungefähre Zahl der betroffenen Personen
- die Kategorie der betroffenen Personen
- die ungefähre Anzahl der betroffenen Datensätze
- den Namen und die Kontaktdaten des Datenschutzbeauftragten
- eine Beschreibung der wahrscheinlichen Folgen und
- eine Beschreibung der ergriffenen Maßnahmen zur Behebung der Schutzverletzung und zur Abmilderung der Folgen.

Sollte es nicht möglich sein, all diese Informationen innerhalb der genannten Frist zu melden, so können die Informationen auch ohne weitere Verzögerung nachgereicht werden. Zusätzlich dokumentiert der Verantwortliche die Datenschutzverstöße und sollte diese Dokumentation aufbewahren.

Datenschutzverstöße sind nicht zu melden, wenn voraussichtlich nicht mit einem Risiko für die Rechte und Freiheiten natürlicher Personen zu rechnen ist. Hierzu ein Beispiel: Eine Instanz der Kundendatenbank wird versehentlich oder unberechtigt gelöscht. Die Datenbank wurde aber bereits auf einen anderen Server umgezogen und sollte in der nächsten Woche nach einem Test der neuen Datenbank gelöscht werden. An dieser Stelle ist nicht mit einem Risiko für die betroffenen Personen zu rechnen, sofern die neue Datenbank fehlerfrei funktioniert.

Die Meldung an die Aufsichtsbehörde entspricht in etwa einer Selbstanzeige. Man könnte denken, dass es doch besser wäre, davon abzusehen. Generell ist es aber ratsam, lieber einen Bagatellverstoß zu viel als einen zu wenig an die Aufsichtsbehörden zu melden. Wie man den Medien entnehmen kann, werden die wirklich schlimmen Verstöße i. d. R. von den betroffenen Personen bemerkt und dann über die Medien öffentlich gemacht. In einem solchen Fall hat die Aufsichtsbehörde nicht viele Möglichkeiten, die für Ihr Unternehmen strafmildern berücksichtigt werden können.

7.3 Meldung an die betroffenen Personen

Hat ein Datenschutzverstoß voraussichtlich ein hohes Risiko für die persönlichen Rechte und Freiheiten der betroffenen Personen zur Folge, so benachrichtigt der Verantwortliche die betroffene Person unverzüglich von der Verletzung.

Dabei sind folgende Informationen an die betroffene Person mitzuteilen:

- eine Beschreibung der Art der Verletzung des Schutzes personenbezogener Daten
- den Namen und die Kontaktdaten des Datenschutzbeauftragten
- eine Beschreibung der wahrscheinlichen Folgen der Verletzung des Schutzes personenbezogener Daten und
- eine Beschreibung der von dem Verantwortlichen ergriffenen oder vorgeschlagenen Maßnahmen zur Behebung der Verletzung des Schutzes personenbezogener Daten und gegebenenfalls Maßnahmen zur Abmilderung ihrer möglichen nachteiligen Auswirkungen.

Diese Informationen müssen in klarer und einfacher Sprache bereitgestellt werden.

Die Meldung an den Betroffenen ist wichtig, damit er gegebenenfalls die Möglichkeit erhält, sich vor weiteren Schäden zu schützen, beispielsweise die Sperrung seiner Kreditkarte zu veranlassen, wenn Gegenstand der Schutzverletzung die Kreditkartendaten der betroffenen Person waren.

Eine Meldung kann entfallen, wenn der Verantwortliche geeignete technische und organisatorische Maßnahmen ergriffen hat, um die Daten für Unbefugte unzugänglich zu machen. Das wäre zum Beispiel der Fall, wenn die Daten der betroffenen Personen verschlüsselt waren.

Ist der Aufwand zur Meldung an betroffene Personen unverhältnismäßig groß, so muss stattdessen eine öffentliche Bekanntmachung in Betracht gezogen werden.

7.4 Prozess zur Meldung von Datenschutzverstößen

Ein Datenschutzverstoß kann an vielen Stellen, von jedem Beschäftigen und zu jeder Zeit passieren. Dementsprechend müssen alle Beschäftigten wissen, was in einem solchen Fall zu tun ist. Entweder meldet der Beschäftigte den Vorfall seinem Vorgesetzen und dieser meldet ihn daraufhin dem Datenschutzbeauftragten oder aber der Beschäftigte melden den Verstoß direkt dem Datenschutzbeauftragten. Der Datenschutzbeauftrage hat nun die Aufgabe, alle notwendigen Informationen zusammenzutragen und den Fall dem Verantwortlichen zu melden. Parallel werden sofort Maßnahmen ergriffen um den Datenschutzverstoß zu stoppen, sofern er noch im Verlauf ist.

Der Schutz der Rechte und Freiheiten der betroffenen Personen steht hierbei an oberster Stelle. Ggf. sind hier weitere Akteure notwendig, um den Fall aufzuklären und geeignete Maßnahmen treffen zu können. So ist oftmals die Einbeziehung der IT-Abteilung und von Forensikern notwendig.

Je nach Größe und Ausmaß des Verstoßes ist es aber eventuell auch notwendig, beispielsweise die Kommunikation nach außen durch die PR-Abteilung führen zu lassen oder aber einen Plan zu entwickeln, wie der Schaden für die Betroffenen ausgeglichen werden kann.

8 Alltag als DSB – fortlaufende Maßnahmen

Wie geht es nun weiter, nachdem nun das Unternehmen, welches Sie als Datenschutzbeauftragten bestellt hat, die erforderlichen Initialmaßnahmen weitgehend umgesetzt hat? Ist damit Ihre Arbeit als Datenschutzbeauftragter beendet?

Sicherlich nicht. Datenschutz ist ein fortlaufender Prozess der Kontrolle und Optimierung, und es wird Regelungsanpassungen geben, sei es intern oder vom Gesetzgeber. Die umgesetzten Maßnahmen müssen auf ihre Wirksamkeit hin evaluiert und abschließend optimiert werden.

Abgesehen davon werden Ihre Kollegen nach einer Ersterfassung der Verarbeitungstätigkeiten auf Sie mit immer neuen Datenverarbeitungstätigkeiten zukommen und Sie um die datenschutzrechtliche Stellungnahme oder Beratung bitten. Daneben müssen Sie weiterhin proaktiv das Verzeichnis der Verarbeitungstätigkeiten im Hinblick auf ältere Verfahren dahingehend prüfen, ob sich etwas geändert hat bzw. ob die Verarbeitungstätigkeiten überhaupt noch oder ggf. in veränderter Art und Weise betrieben werden und werden dürfen.

Daneben werden Sie gegebenenfalls in die regelmäßige Überprüfung von Auftragsverarbeitern mit eingebunden.

Schließlich müssen Sie immer am Ball bleiben. Das bedeutet, dass Sie durch Fortbildungen, Fachzeitschriften und sonstige Fachtagungen über die neuesten Entwicklungen in rechtlicher und technischer Hinsicht informiert bleiben müssen.

Auch nach Abschluss der Initialmaßnahmen, die durchaus längere Zeit in Anspruch nehmen können, werden Sie als Datenschutzbeauftragter weiterhin aktiv tätig bleiben müssen. Datenschutz wird es, solange es ein Grundgesetz und die darin verankerte Menschenwürde gibt, immer geben.

9 Arbeitshilfen

In diesem Kapitel finden Sie Arbeitsunterlagen, die als bearbeitbare Dateien im Download-Bereich heruntergeladen werden können. Zur Durchführung des Downloads beachten Sie bitte die Hinweise auf der ersten Seite des Buches.

Die Dokumente können (und sollen!) an Ihre betrieblichen Bedürfnisse angepasst werden. Sie enthalten zum Teil Hinweise zum Ausfüllen/Erstellen der eigenen Dokumente, die ggf. gelöscht werden müssen. Diese sind in den Dateien farblich gekennzeichnet.

Bei folgenden Dokumenten sind nur die einführenden Erläuterungen bzw. die Inhaltsübersichten im Buch abgedruckt, da eine vollständige Wiedergabe im Buch wegen der individuellen inhaltlichen Anpassungen nicht sinnvoll ist:

- Musterdatenschutzerklärung für Websitebetreiber (Kapitel 9.6)
- Muster zur Erbringung der Informationspflichten bei personenbezogenen Daten der Beschäftigten (Kapitel 9.7)
- Technische und organisatorische Maßnahmen gemäß Artikel 32 DS-GVO (Kapitel 9.8)
- Verzeichnis von Verfahrenstätigkeiten (Kapitel 9.9)

9.1 Benennungsurkunde für Datenschutzbeauftragte

Benennungsurkunde für Datenschutzbeauftragte

Das Unternehmen ....

bestellt mit Wirkung zum ....

die/den* folgende/n Mitarbeiter/in der Auftragnehmerin zur/zum betrieblichen Datenschutzbeauftragten gem. Art. 37 Abs. 1 lit. b) und c) DS-GVO i.v.m. § 38 BDSG:

....
(Name der/des Mitarbeiterin/s)

Der/die Datenschutzbeauftragte hat auf die Einhaltung europäischer und deutscher Bestimmungen zum Datenschutz sowie etwaiger bereichsspezifischer Datenschutzregeln, die für das Unternehmen Anwendung finden, hinzuwirken.

Die Rechte und Pflichten der/des Beauftragten für den Datenschutz ergeben sich aus Art. 37-39 DS-GVO sowie Art. 37 DS-GVO i.v.m. § 38 BDSG.

Die/der Datenschutzbeauftragte wird in ihrer/seiner Funktion der Geschäftsführung unmittelbar unterstellt. Die Geschäftsführung sichert die für die Tätigkeit notwendige Unterstützung zu.

Ständiger Ansprechpartner der/des Datenschutzbeauftragten ist:

....
(Name des Ansprechpartners)

In Anwendung ihrer/seiner Fachkunde auf dem Gebiet des Datenschutzes ist die/der Datenschutzbeauftragte weisungsfrei. Zur Erfüllung ihrer/seiner Tätigkeit ist sie/er befugt, selbstständig und eigenverantwortlich zu handeln. In Zweifelsfällen kann die/der Datenschutzbeauftragte sich an die zuständige Aufsichtsbehörde wenden.

....
(Ort, Datum)   (Unternehmen)

Ich bin mit der Bestellung zur/zum Beauftragten für den Datenschutz einverstanden:

....
(Ort, Datum)   (Vorname, Nachname)

                                                          ....
                                                          (Unterschrift)

*) nicht zutreffende Texte streichen/löschen

9.2 Verpflichtungserklärung zur Einhaltung der datenschutzrechtlichen Anforderungen nach DS-GVO

Verpflichtung zur Einhaltung der datenschutzrechtlichen Anforderungen nach der Datenschutz-Grundverordnung (DS-GVO)

1. Verpflichtungserklärung

Über die Bedeutung und die Vorschriften der geltenden Datenschutzgesetzgebung (Datenschutz-Grundverordnung, im Folgenden: DS-GVO, sowie Bundesdatenschutzgesetz, im Folgenden: BDSG) wurde ich in Form einer Handreichung (Anlage) informiert.

Danach ist es mir untersagt – unbeschadet sonstiger Geheimhaltungsverpflichtungen – personenbezogene Daten unbefugt zu verarbeiten (im Folgenden „Datengeheimnis"). Personenbezogene Daten dürfen daher nur verarbeitet werden, wenn eine Einwilligung bzw. eine gesetzliche Regelung die Verarbeitung erlauben oder eine Verarbeitung dieser Daten vorgeschrieben ist. Die Grundsätze der DS-GVO für die Verarbeitung personenbezogener Daten sind in Art. 5 Abs. 1 DS-GVO festgelegt und beinhalten im Wesentlichen folgende Verpflichtungen:

Personenbezogene Daten müssen

a) auf rechtmäßige Weise und in einer für die betroffene Person nachvollziehbaren Weise verarbeitet werden;
b) für festgelegte, eindeutige und legitime Zwecke erhoben werden und dürfen nicht in einer mit diesen Zwecken nicht zu vereinbarenden Weise weiterverarbeitet werden;
c) dem Zweck angemessen und erheblich sowie auf das für die Zwecke der Verarbeitung notwendige Maß beschränkt sein („Datenminimierung");
d) sachlich richtig und erforderlichenfalls auf dem neuesten Stand sein; es sind alle angemessenen Maßnahmen zu treffen, damit personenbezogene Daten, die im Hinblick auf die Zwecke ihrer Verarbeitung unrichtig sind, unverzüglich gelöscht oder berichtigt werden;
e) in einer Form gespeichert werden, die die Identifizierung der betroffenen Personen nur so lange ermöglicht, wie es für die Zwecke, für die sie verarbeitet werden, erforderlich ist;
f) in einer Weise verarbeitet werden, die eine angemessene Sicherheit der personenbezogenen Daten gewährleistet, einschließlich Schutz vor unbefugter oder unrechtmäßiger Verarbeitung und vor unbeabsichtigtem Verlust, unbeabsichtigter Zerstörung oder unbeabsichtigter Schädigung durch geeignete technische und organisatorische Maßnahmen („Integrität und Vertraulichkeit");

Konkrete Hinweise zur befugten Verarbeitung personenbezogener Daten ergeben sich aus dem Arbeitsvertrag sowie aus Arbeitsanweisungen, Handreichungen und Mitarbeiterinformationen.

Das Datengeheimnis gilt für sämtliche personenbezogene Daten, die durch die [FIRMA] selbst oder im Auftrag verarbeitet werden.

2. Geheimhaltung von vertraulichen Informationen

Unbeschadet des Vorgenannten verpflichte ich mich, vertrauliche Informationen, die mir bekannt sind oder werden, während des Vertragsverhältnisses weder unbefugt zu verwerten noch unbefugt Dritten mitzuteilen.

Dritte sind auch Personen, die der [FIRMA] vertraglich verbunden sind, soweit diese nicht jeweils durch ihre Funktion und/oder Tätigkeit zur Entgegennahme derartiger Mitteilungen befugt sind.

Vertrauliche Informationen sind insbesondere Geschäfts- und Betriebsgeheimnisse, Vertragsschlüsse, technische oder kaufmännische Informationen jedweder Art bzw. anderweitige Angaben, die als vertraulich bezeichnet oder ihrer Natur nach als vertraulich anzusehen sind.

Diese Geheimhaltungspflicht erstreckt sich auf vertrauliche Informationen der [FIRMA] und solche, welche im Rahmen der Zusammenarbeit mit ihren Auftraggebern bekannt werden.

3. Reichweite und Dauer der Verpflichtungen

Die vorstehenden Verpflichtungen auf

- das Datengeheimnis (Ziffer 1);
- die Geheimhaltung von vertraulichen Informationen (Ziffer 2)

bestehen auch nach Beendigung des Vertragsverhältnisses fort, ungeachtet dessen, welche Ursachen der Beendigung des Vertragsverhältnisses zugrunde liegen.

Ich bin mir bewusst, dass Verstöße gegen diese Verpflichtung mit Geldbuße und/oder Freiheitsstrafe geahndet werden können. Ein Verstoß kann zugleich eine Verletzung von arbeitsvertraglichen Pflichten oder spezieller Geheimhaltungspflichten darstellen. Auch (zivilrechtliche) Schadenersatzansprüche können sich aus schuldhaften Verstößen gegen diese Verpflichtung ergeben. Die sich aus dem Arbeits- bzw. Dienstvertrag oder gesonderten Vereinbarungen ergebende Vertraulichkeitsverpflichtung wird durch diese Erklärung nicht berührt.

4. Bedeutung bezogen auf den Arbeitsalltag

- Alle Daten, Systeme und Programme dürfen nur auf die Weise verwahrt, verarbeitet oder ausgegeben werden, wie es von entscheidungsberechtigten Stellen angeordnet wird.
- Daten, Programme und andere Informationen dürfen nicht zu anderen als dem geschäftlichen Zweck benutzt oder vervielfältigt werden.
- Es dürfen nur die für die konkrete Aufgabenerfüllung notwendigen Daten abgerufen werden.
- Eine Weitergabe personenbezogener Daten ist grundsätzlich unzulässig. Die Geschäftsleitung entscheidet über Ausnahmen in Einzelfällen im Rahmen der gesetzlichen Vorschriften.
- Betroffene haben das Recht, die Nutzung eigener Daten, z.B. zum Zwecke der Werbung zu verbieten. In diesem Fall muss sichergestellt werden, dass die Verarbeitung entsprechend eingeschränkt wird (bspw. Sperrvermerk).
- Unterlagen mit personenbezogenen Daten sind sicher vor dem Zugriff Dritter aufzubewahren.
- Bestehende Vorschriften über den Umgang bzw. die Sicherung personenbezogener Daten (z.B. im Hinblick auf den Passwortschutz) sind zu beachten.
- Verletzungen des Schutzes personenbezogener Daten, d.h. eine Verletzung der Sicherheit, die, ob unbeabsichtigt oder unrechtmäßig, zur Vernichtung, zum Verlust, zur Veränderung, oder zur unbefugten Offenlegung von beziehungsweise zum unbefugten Zugang zu personenbezogenen Daten führt, die übermittelt, gespeichert oder auf sonstige Weise verarbeitet wurden; sind umgehend an [ANSPRECHPARTNER/MAIL-ADRESSE] zu melden.

Falls eine der vorstehenden Bestimmungen gesetzlichen und/oder sonstigen Bestimmungen widerspricht, wird hierdurch die Gültigkeit der übrigen Bestimmungen dieser Verpflichtungserklärung auf das Daten- und Fernmeldegeheimnis sowie die Geheimhaltung von vertraulichen Informationen nicht berührt.

Einen Auszug aus den entsprechenden Gesetzen (DS-GVO, BDSG, StGB, UWG) kann ich im Intranet des Unternehmens jederzeit einsehen.

Datenschutzschulungen und -sensibilisierungsmaßnahmen werden in der [FIRMA] regelmäßig durchgeführt. Mir ist bewusst, dass die Teilnahme an diesen Schulungen verpflichtend ist.

Neben den angeführten Maßnahmen finden sich in den folgenden Arbeitsanweisungen, Handreichungen und Mitarbeiterinformationen unternehmensinterne Vorschriften und Verhaltensregeln mit besonderer Bedeutung in Bezug auf den Datenschutz:

Arbeitsanweisung A	Version	Ablageort
Handreichung A	Version	Ablageort

Eine Kopie dieser von mir unterzeichneten Verpflichtungserklärung habe ich zu meinen Unterlagen genommen.

.... , den ....
(Ort,)   (Datum)

....
(Unterschrift)

Auszüge aus der EU Datenschutz-Grundverordnung 2016/679, dem Bundesdatenschutzgesetz (BDSG), dem Strafgesetzbuch (StGB) und dem Gesetz gegen den unlauteren Wettbewerb (UWG)

Kapitel II Grundsätze
Artikel 5 DS-GVO
Grundsätze für die Verarbeitung personenbezogener Daten

(1) Personenbezogene Daten müssen

a) auf rechtmäßige Weise, nach Treu und Glauben und in einer für die betroffene Person nachvollziehbaren Weise verarbeitet werden („Rechtmäßigkeit, Verarbeitung nach Treu und Glauben, Transparenz");

b) für festgelegte, eindeutige und legitime Zwecke erhoben werden und dürfen nicht in einer mit diesen Zwecken nicht zu vereinbarenden Weise weiterverarbeitet werden; eine Weiterverarbeitung für im öffentlichen Interesse liegende Archivzwecke, für wissenschaftliche oder historische Forschungszwecke oder für statistische Zwecke gilt gemäß Artikel 89 Absatz 1 nicht als unvereinbar mit den ursprünglichen Zwecken („Zweckbindung");

c) dem Zweck angemessen und erheblich sowie auf das für die Zwecke der Verarbeitung notwendige Maß beschränkt sein („Datenminimierung");

d) sachlich richtig und erforderlichenfalls auf dem neuesten Stand sein; es sind alle angemessenen Maßnahmen zu treffen, damit personenbezogene Daten, die im Hinblick auf die Zwecke ihrer Verarbeitung unrichtig sind, unverzüglich gelöscht oder berichtigt werden („Richtigkeit");

e) in einer Form gespeichert werden, die die Identifizierung der betroffenen Personen nur so lange ermöglicht, wie es für die Zwecke, für die sie verarbeitet werden, erforderlich ist; personenbezogene Daten dürfen länger gespeichert werden, soweit die personenbezogenen Daten vorbehaltlich der Durchführung geeigneter technischer und organisatorischer Maßnahmen, die von dieser Verordnung zum Schutz der Rechte und Freiheiten der betroffenen Person gefordert werden, ausschließlich für im öffentlichen Interesse liegende Archivzwecke oder für wissenschaftliche und historische Forschungszwecke oder für statistische Zwecke gemäß Artikel 89 Absatz 1 verarbeitet werden („Speicherbegrenzung");

f) in einer Weise verarbeitet werden, die eine angemessene Sicherheit der personenbezogenen Daten gewährleistet, einschließlich Schutz vor unbefugter oder unrechtmäßiger Verarbeitung und vor unbeabsichtigtem Verlust, unbeabsichtigter Zerstörung oder unbeabsichtigter Schädigung durch geeignete technische und organisatorische Maßnahmen („Integrität und Vertraulichkeit");

(2) Der Verantwortliche ist für die Einhaltung des Absatzes 1 verantwortlich und muss dessen Einhaltung nachweisen können („Rechenschaftspflicht").

Artikel 29 DS-GVO
Verarbeitung unter der Aufsicht des Verantwortlichen oder des Auftragsverarbeiters

Der Auftragsverarbeiter und jede dem Verantwortlichen oder dem Auftragsverarbeiter unterstellte Person, die Zugang zu personenbezogenen Daten hat, dürfen diese Daten ausschließlich auf Weisung des Verantwortlichen verarbeiten, es sei denn, dass sie nach dem Unionsrecht oder dem Recht der Mitgliedstaaten zur Verarbeitung verpflichtet sind.

§ 42 BDSG
Strafvorschriften

(1) Mit Freiheitsstrafe bis zu drei Jahren oder mit Geldstrafe wird bestraft, wer wissentlich nicht allgemein zugängliche personenbezogene Daten einer großen Zahl von Personen, ohne hierzu berechtigt zu sein,

1. einem Dritten übermittelt oder
2. auf andere Art und Weise zugänglich macht

und hierbei gewerbsmäßig handelt.

(2) Mit Freiheitsstrafe bis zu zwei Jahren oder mit Geldstrafe wird bestraft, wer personenbezogene Daten, die nicht allgemein zugänglich sind,

1. ohne hierzu berechtigt zu sein, verarbeitet oder
2. durch unrichtige Angaben erschleicht

und hierbei gegen Entgelt oder in der Absicht handelt, sich oder einen anderen zu bereichern oder einen anderen zu schädigen.

(3) Die Tat wird nur auf Antrag verfolgt. Antragsberechtigt sind die betroffene Person, der Verantwortliche, die oder der Bundesbeauftragte und die Aufsichtsbehörde.

(4) Eine Meldung nach Artikel 33 der Verordnung (EU) 2016/679 oder eine Benachrichtigung nach Artikel 34 Absatz 1 der Verordnung (EU) 2016/679 darf in einem Strafverfahren gegen den Meldepflichtigen oder Benachrichtigenden oder seine in § 52 Absatz 1 der Strafprozessordnung bezeichneten Angehörigen nur mit Zustimmung des Meldepflichtigen oder Benachrichtigenden verwendet werden.

§ 206 StGB
Verletzung des Post- oder Fernmeldegeheimnisses

(1) Wer unbefugt einer anderen Person eine Mitteilung über Tatsachen macht, die dem Post- oder Fernmeldegeheimnis unterliegen und die ihm als Inhaber oder Beschäftigtem eines Unternehmens bekanntgeworden sind, das geschäftsmäßig Post- oder Telekommunikationsdienste erbringt, wird mit Freiheitsstrafe bis zu fünf Jahren oder mit Geldstrafe bestraft.
(...)

§ 17 UWG
Verrat von Geschäfts- und Betriebsgeheimnissen

(1) Wer als eine bei einem Unternehmen beschäftigte Person ein Geschäfts- oder Betriebsgeheimnis, das ihr im Rahmen des Dienstverhältnisses anvertraut worden oder zugänglich geworden ist, während der Geltungsdauer des Dienstverhältnisses unbefugt an jemand zu Zwecken des Wettbewerbs, aus Eigennutz, zugunsten eines Dritten oder in der Absicht, dem Inhaber des Unternehmens Schaden zuzufügen, mitteilt, wird mit Freiheitsstrafe bis zu drei Jahren oder mit Geldstrafe bestraft.

(2) Ebenso wird bestraft, wer zu Zwecken des Wettbewerbs, aus Eigennutz, zugunsten eines Dritten oder in der Absicht, dem Inhaber des Unternehmens Schaden zuzufügen,

1. sich ein Geschäfts- oder Betriebsgeheimnis durch
    a. Anwendung technischer Mittel
    b. Herstellung einer verkörperten Wiedergabe des Geheimnisses oder
    c. Wegnahme einer Sache, in der das Geheimnis verkörpert ist,
2. unbefugt verschafft oder sichert oder

3. ein Geschäfts- oder Betriebsgeheimnis, das er durch eine der in Absatz 1 bezeichneten Mitteilungen oder durch eine eigene oder fremde Handlung nach Nummer 1 erlangt oder sich sonst unbefugt verschafft oder gesichert hat, unbefugt verwertet oder jemandem mitteilt.
4. Der Versuch ist strafbar.
5. In besonders schweren Fällen ist die Strafe Freiheitsstrafe bis zu fünf Jahren oder Geldstrafe. (…)

9.3 DS-GVO – Compliance Planung

DS-GVO – Compliance Planung

Aktivität	Zuständigkeit	Status	Erledigt?
Information Geschäftsleitung siehe Prüfungsaktion BayLDA			☐
I. Struktur und Verantwortlichkeit im Unternehmen			
Erarbeitung und Verabschiedung einer Datenschutzleitlinie			☐
- Beschreibung der Datenschutzziele			☐
- Regelung der internen Verantwortlichkeiten (Datenschutz-Governance-Struktur)			☐
- Bewusstsein über Datenschutzrisiken			☐
- Transparenz über Zielkonflikte (z.B. Marketing vs. Rechtsabteilung)			☐
- Benennung, Stellung und Aufgaben des/r Datenschutzbeauftragten (Art. 37 - 39 DS-GVO)			☐
II. Übersicht über Verarbeitungen (Art. 30 DS-GVO)			
Aufbau der Dokumentation / Verzeichnis von Verarbeitungstätigkeiten			☐
Festlegung der Rechtsgrundlagen + Dokumentation von Interessensabwägungen			☐
Identifikation und Information unsicherer Rechtsgrundlagen			☐
Identifikation und Information von Prozessanpassungen			☐
Identifikation und Information von Dokumentationslücken			☐
III. Einbindung externer Dienstleister (Art. 28 DS-GVO)			
Abfrage der Dienstleister / Prüfung der AV-Verträge			☐
Anpassung der Dienstleistungsbeziehungen und AVs / Typisierung der AVs			☐
Prüfung der „Funktionsübertragungen"			☐
IV. Transparenz, Informationspflichten und Sicherstellung der Betroffenenrechte (Art. 12 - 23 DS-GVO)			
Anpassung der Betroffeneninformation bei Datenerhebungen (Art. 13, 14 DS-GVO)			☐
- Implementierung eines Einwilligungsmanagements			☐
- Implementierung eines Auskunftsmanagements (Art. 15 DS-GVO)			☐
- Implementierung von Prozessen zur Berichtigung und Löschung personenbezogener Daten und Einschränkung der Verarbeitung			☐
- Prüfung von Prozessen zur Vornahme einer			☐

1

Aktivität	Zuständigkeit	Status	Erledigt?
automatisierten Entscheidungsfindung inkl. Profiling			
Information/Trainings zur Erfüllung von Betroffenenrechten, Meldepflichten und der Dienstleisterbeauftragung			☐
Information bzgl. Verfahren zur Erfüllung von Informationspflichten + Betroffenenrechten			☐
Überprüfung möglicher Risiken bzgl. Datenübertragbarkeitspflichten			☐
V. Verantwortlichkeit, Umgang mit Risiken			
Erstellung des Löschkonzeptes			☐
Aufsetzen eines Datenschutz-Management-Systems			☐
Überprüfung der Prozesse zur Sicherheit der Verarbeitung			☐
- Erhebung TOMs Zutrittskontrolle			☐
- Erhebung TOMs Zugangskontrolle			☐
- Erhebung TOMs Zugriffskontrolle			☐
- Erhebung TOMs Weitergabekontrolle			☐
- Erhebung TOMs Eingabekontrolle			☐
- Erhebung TOMs Auftragskontrolle			☐
- Erhebung TOMs Verfügbarkeitskontrolle			☐
- Erhebung TOMs Trennungskontrolle			☐
Erhebung und Bewertung Schutzklassen und Risiko der Datenverarbeitung			☐
Bewertung TOMs - Identifikation Anpassungsbedarf IT-Sicherheit			☐
Implementierung von Prozessen zu regelmäßiger Überprüfung von Sicherheitsmaßnahmen			☐
Einführung einer Methode zur Umsetzung einer Datenschutz-Folgenabschätzung			☐
- Erstellung Datenschutz-Folgenabschätzungen			☐
VI. Datenschutzverletzungen			
Implementierung eines Prozesses zum Umgang mit Datenschutzverstößen			☐

9.4 Datenschutz-Governance-Struktur

Datenschutz-Governance-Struktur

Die Einhaltung der Vorschriften und Anforderungen der Datenschutz-Grundverordnung (DS-GVO) ist fester Bestandteil unserer Unternehmensleitlinie.

Damit wir dies bei [FIRMA] auch wirkungsvoll in der Praxis umsetzen und mit Unterstützung aller Beschäftigten aktiv leben können, greifen wir auf das vorliegende Konzept aus Rollen und Verantwortlichkeiten, der sog. **Datenschutz-Governance-Struktur** zurück.

Nach außen hin steht gemäß Art. 4 Nr. 7 DS-GVO die Geschäftsführung von [FIRMA] in der Verantwortung (Abb. 2). Intern bedarf es der benannten Datenschutz-Governance-Struktur (Abb. 1), deren entsprechende Rollen und Verantwortlichkeiten auf den folgenden Seiten erläutert und konkret benannt werden.

Die **Datenschutz-Governance-Struktur** von [FIRMA] wurde an deren Beschäftigte kommuniziert und wirkt ab [DATUM].

Die Geschäftsführung

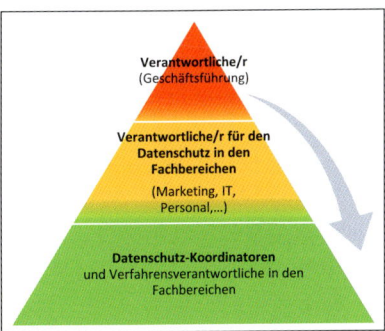 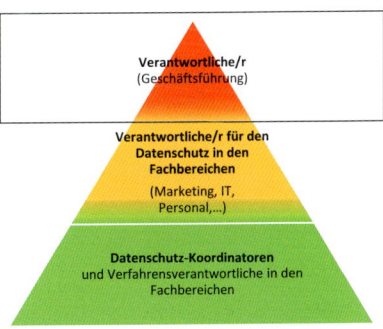

Abb. 1: Verantwortlichkeiten nach Intern   Abb. 2 Verantwortlichkeit nach Extern

Im Folgenden sind die jeweiligen **Rollen** und deren **Aufgaben** erklärt:

Verantwortliche

Rolle   Geschäftsführung

Aufgaben
- Verantwortung nach außen
- Gesamtverantwortung nach innen
- Bereitstellung von Ressourcen
- Implementierung eines Prozesses für Meldewesen und Informationspflichten

Datenschutzbeauftragte/r

Rolle   Datenschutzbeauftragter

Aufgaben
- Beratung und Überwachung
- unternehmenseigenes Kontrollorgan gemäß Art. 39 DS-GVO

Verantwortliche für den Datenschutz in den Fachbereichen

Rolle
- Fachbereichsleiter/Abteilungsleiter mit Entscheidungs- und Vollzugskompetenz
- „Bereichsverantwortlicher für den Datenschutz"

Aufgaben
- interne Verantwortung für die Umsetzung und Einhaltung der Datenschutzziele
- interne Verantwortung für die Umsetzung der DS-GVO Anforderungen
- Verantwortung für alle in seiner Abteilung vorhandenen Verfahren
- Ansprechpartner für Fragen und Anliegen der Datenschutz-Koordinatoren
- Planung und konkrete Bereitstellung der Ressourcen
- Umsetzung/Einhaltung des Prozesses für Meldewesen und Informationspflichten
- Reporting von Datenschutz-Verletzungen/-Vorfällen, Auskunftsersuchen oder sonstigen an die Verantwortlichen
- Schaffen der Awareness bei den Beschäftigten
- Einbindung der Datenschutzbeauftragten

Datenschutz-Koordinatoren/Coaches

Rolle   operativer Vertreter/Multiplikator der Fachbereichsleiter/Abteilungsleiter

Aufgaben
- Erster Ansprechpartner für Fragen/Anliegen der Beschäftigten im Fachbereich
- Reporting an Verantwortliche/n für den Datenschutz im Fachbereich
- Schaffen der Awareness bei den Beschäftigten
- Hinwirken auf die Dokumentation der Verarbeitungstätigkeiten
- Gewährleistung der Aktualität des Verzeichnisses von Verarbeitungstätigkeiten
- Umsetzung/Einhaltung des Prozesses für Meldewesen und Informationspflichten
- Offenes Ohr für Neues im Fachbereich (neue Dienstleister, Verfahren)

Arbeitshilfen

Hier ist Platz für Ihr Logo.

Datenschutz-Governance-Struktur

Version / Änderungsverlauf

Version: 1.0	Datum der Ersterhebung:	Angelegt durch:	Datum der letzten Änderung:	Geändert durch:
	Bitte eintragen	Bitte eintragen	Bitte eintragen	Bitte eintragen

1. Verantwortlicher

Verantwortlicher (Geschäftsführung)
Vorname, Name: Bitte eintragen

Unternehmen	Bitte eintragen	Telefon	Bitte eintragen
Straße	Bitte eintragen	E-Mail	Bitte eintragen
PLZ Ort	Bitte eintragen	Internet	Bitte eintragen

Datenschutzbeauftragte/r
Datenschutzbeauftragte/r
Vorname, Name:
Bitte eintragen

2. Verantwortliche für den Datenschutz in den Fachbereichen

Marketing	Buchhaltung	Controlling	Personalwesen
Verantwortlicher für den Datenschutz im Fachbereich	Verantwortlicher für den Datenschutz im Fachbereich	Verantwortlicher für den Datenschutz im Fachbereich	Verantwortlicher für den Datenschutz im Fachbereich
Vorname, Name:	Vorname, Name:	Vorname, Name:	Vorname, Name:
Bitte eintragen	Bitte eintragen	Bitte eintragen	Bitte eintragen
Datenschutz-Koordinator	Datenschutz-Koordinator	Datenschutz-Koordinator	Datenschutz-Koordinator
Vorname, Name:	Vorname, Name:	Vorname, Name:	Vorname, Name:
Bitte eintragen	Bitte eintragen	Bitte eintragen	Bitte eintragen

IT	Customer Service	Fuhrpark	Warenwirtschaft/Logistik
Verantwortlicher für den Datenschutz im Fachbereich	Verantwortlicher für den Datenschutz im Fachbereich	Verantwortlicher für den Datenschutz im Fachbereich	Verantwortlicher für den Datenschutz im Fachbereich
Vorname, Name:	Vorname, Name:	Vorname, Name:	Vorname, Name:
Bitte eintragen	Bitte eintragen	Bitte eintragen	Bitte eintragen
Datenschutz-Koordinator	Datenschutz-Koordinator	Datenschutz-Koordinator	Datenschutz-Koordinator
Vorname, Name:	Vorname, Name:	Vorname, Name:	Vorname, Name:
Bitte eintragen	Bitte eintragen	Bitte eintragen	Bitte eintragen
Gebäudemanagement	**Vertrieb**	**Weitere Bereiche**	**Weitere Bereiche**
Verantwortlicher für den Datenschutz im Fachbereich	Verantwortlicher für den Datenschutz im Fachbereich	Verantwortlicher für den Datenschutz im Fachbereich	Verantwortlicher für den Datenschutz im Fachbereich
Vorname, Name:	Vorname, Name:	Vorname, Name:	Vorname, Name:
Bitte eintragen	Bitte eintragen	Bitte eintragen	Bitte eintragen
Datenschutz-Koordinator	Datenschutz-Koordinator	Datenschutz-Koordinator	Datenschutz-Koordinator
Vorname, Name:	Vorname, Name:	Vorname, Name:	Vorname, Name:
Bitte eintragen	Bitte eintragen	Bitte eintragen	Bitte eintragen
Weitere Bereiche	**Weitere Bereiche**	**Weitere Bereiche**	**Weitere Bereiche**
Verantwortlicher für den Datenschutz im Fachbereich	Verantwortlicher für den Datenschutz im Fachbereich	Verantwortlicher für den Datenschutz im Fachbereich	Verantwortlicher für den Datenschutz im Fachbereich
Vorname, Name:	Vorname, Name:	Vorname, Name:	Vorname, Name:
Bitte eintragen	Bitte eintragen	Bitte eintragen	Bitte eintragen
Datenschutz-Koordinator	Datenschutz-Koordinator	Datenschutz-Koordinator	Datenschutz-Koordinator
Vorname, Name:	Vorname, Name:	Vorname, Name:	Vorname, Name:
Bitte eintragen	Bitte eintragen	Bitte eintragen	Bitte eintragen

9.5 Festlegung der Datenschutzziele

Datenschutzziele

Die vorliegende Handreichung soll Ihnen dabei helfen, individuelle Datenschutzziele für Ihr Unternehmen festzulegen.

Version / Änderungsverlauf

Version: 1.0	Datum der Ersterhebung: Bitte eintragen	Angelegt durch: Bitte eintragen	Datum der letzten Änderung: Bitte eintragen	Geändert durch: Bitte eintragen

1. externe und interne Anforderungen

Klicken oder tippen Sie hier, um Text einzugeben.

Ausfüllhilfen

- Welche Gesetze sind maßgeblich?
- Welche nationalen Spezialgesetze finden eventuell Anwendung?
- Bei Standorten im Ausland: Welche dort geltenden lokalen Datenschutzgesetze sind zusätzlich zu berücksichtigen?

Beispiele:
- Datenschutz-Grundverordnung (DS-GVO)
- Bundesdatenschutzgesetz-neu (BDSG-neu)
- Telekommunikationsgesetz (TKG)
- Telemediengesetz (TMG)
- Lokale Arbeitsgesetze

2. Ziele

Klicken oder tippen Sie hier, um Text einzugeben.

Ausfüllhilfen

Die **Zieldefinition** sollte sich an den **Grundsätzen** der DS-GVO (gemäß Art. 5) orientieren:
- *Rechtmäßigkeit, Transparenz, Zweckbindung, Datenminimierung, Richtigkeit, Speicherbegrenzung, Integrität und Vertraulichkeit*
→ die Grundsätze sollten spezifisch auf Ihr Unternehmen bezogen werden

Strategische Ausrichtung:
Soll eine Compliance mit den Anforderungen der DS-GVO angestrebt werden **oder** möglicherweise ein Standard vorgegeben werden, der über die gesetzl. Vorschriften hinaus geht?

Es sollten die wichtigsten **datenschutzrechtlichen Risiken** und Möglichkeiten zur Risikominimierung eingebracht werden, inkl. eines jährlichen Prüfmechanismus.

Formulieren Sie Prinzipien zur **Vermeidung von Zielkonflikten**. (Beispielsweise können die o.g. Grundsätze *Zweckbindung* und *Datenminimierung* in Konflikt mit Marketing-Anforderungen zur Nutzung von Kundendaten f. Profilbildung stehen)

Beispiel:
Die Einhaltung rechtlicher Vorschriften hat Vorrang vor geschäftlichen Anforderungen.

(Quelle: Kranig, Gierschmann, Sachs 2017)

9.6 Musterdatenschutzerklärung für Websitebetreiber nach den Vorgaben der DS-GVO

Musterdatenschutzerklärung für Websitebetreiber nach den Vorgaben der DS-GVO

A. Erläuterung zur Musterdatenschutzerklärung[1]

Die folgende Musterdatenschutzerklärung ist als Grundgerüst für eine der EU-Datenschutzgrundverordnung (DS-GVO) konforme Datenschutzerklärung für Websitebetreiber zu verstehen. Die Erklärung ist nicht abschließend und umfasst nicht alle erforderlichen Elemente. Zudem können in der Mustererklärung Elemente enthalten sein, die auf einzelnen Websites keinen Einsatz finden. Es ist daher stets eine entsprechende Anpassung und Ergänzung der Erklärung durch den jeweiligen Websitebetreiber erforderlich.

I. Fehlende Elemente der Musterdatenschutzerklärung

Es sei darauf hingewiesen, dass die im Folgenden aufgeführten Elemente nicht Teil unserer Musterdatenschutzerklärung sind. Sofern ein Websitebetreiber ein oder mehrere der beschriebenen Datenverarbeitungsszenarien auf seiner Website einsetzt, ist die Erklärung hierauf entsprechend anzupassen. Dabei sind Art, Umfang, Zweck, Dauer und Widerrufsmöglichkeiten der jeweiligen Datenverarbeitung im konkreten Einzelfall anzugeben.

1. Newsletter-Tracking
Setzt die Website ein Newsletter-Tracking ein, so ist auf die damit einhergehende Datenverarbeitung gesondert einzugehen. Eine Rechtfertigungsnorm für die Datenverarbeitung wird in Art. 6 Abs. 1 lit. f DS-GVO zu finden sein.

2. Blog mit Kommentarfunktion
Beim Betrieb eines Blogs mit Kommentarfunktion werden zusätzliche personenbezogene Daten (Beispiel: Pseudonyme) gespeichert. Dabei muss auch auf die Möglichkeit, Kommentare zu abonnieren, eingegangen werden. Das Kommentieren sollte nur nach Einholung einer Einwilligung zur Verarbeitung der personenbezogenen Daten möglich sein. In diesem Fall ist eine Rechtfertigung nach Art. 6 Abs. 1 lit. a DS-GVO möglich.

3. Verarbeitung besonderer Kategorien personenbezogener Daten, Art. 9 DS-GVO
Die Verarbeitung personenbezogener Daten, aus denen die rassische oder ethnische Herkunft, politische Meinungen, religiöse oder weltanschauliche Überzeugungen oder die Gewerkschaftszugehörigkeit hervorgehen, sowie die Verarbeitung von genetischen Daten, biometrischen Daten zur eindeutigen Identifizierung einer natürlichen Person, Gesundheitsdaten oder Daten zum Sexualleben oder der sexuellen Orientierung einer natürlichen Person sind grundsätzlich untersagt. Art. 9 Abs. 2 DS-GVO enthält jedoch einen Ausnahmekatalog. Sollten Websitebetreiber Daten dieser Art auf ihrer Website verarbeiten, so ist vorweg eine Prüfung vorzunehmen. Die entsprechende Erlaubnisnorm ist dann in der Datenschutzerklärung zu nennen.

4. E-Commerce
Bietet der Websitebetreiber den Nutzern eine Plattform für den Abschluss von Verträgen (z.B. Kauf- oder Dienstverträge), so werden auch im Rahmen des Vertragsschlusses in aller Regel personenbezogene Daten des Vertragspartners erhoben. Auf diese Datenverarbeitung hat der Websitebetreiber gesondert und detailliert hinzuweisen. Soweit die Verarbeitung der Daten für den Abschluss des Vertrages erforderlich ist, dient Art. 6 Abs. 1 lit. b DS-GVO als Erlaubnisnorm für die Datenverarbeitung.

---

[1] Dieses Muster wurde von Professor Dr. Thomas Hoeren zusammen mit Mitarbeitern der Forschungsstelle Recht des DFN-Vereins entwickelt (unter anderem Johannes Baur und Charlotte Röttgen). Die Punkte III bis VI sowie die Einbindung von Analysetools in Listenform wurden von rehm Datenschutz ergänzt. Die Autoren weisen darauf hin, dass von einer unbedachten Übernahme des Musters abzusehen ist, da es immer auf die konkreten Bedürfnisse des Einzelfalls angepasst werden muss.
Hinweise zu fallspezifischen Texten sind in Doppelklammern gesetzt und mit Grauraster hinterlegt. Die fallspezifischen Texte sind mit hellerem Raster hinterlegt.

5. Weitergabe personenbezogener Daten an Dritte

Eine Vielzahl von Websites nutzt Erweiterungen von Drittanbietern. Oftmals werden bei solchen Implementierungen personenbezogene Daten an die Drittanbieter weitergegeben oder automatisiert übermittelt. Art, Umfang, Zweck und Dauer dieser Verarbeitung von personenbezogenen Daten können dabei im Einzelfall unterschiedlich ausgestaltet sein. Eine umfassende Auflistung aller Situationen, in denen personenbezogene Daten an Dritte weitergegeben werden, würde den Rahmen dieser Musterdatenschutzerklärung sprengen. Der Websitebetreiber hat daher im Einzelfall zu prüfen, welche Dienste von Drittanbietern er auf seiner Website in Anspruch nimmt und ob dabei eine Weitergabe von personenbezogenen Daten erfolgt. Entsprechend hat er diese Datenverarbeitung in der Datenschutzerklärung nach den Vorgaben (A.II.) aufzunehmen.

Beispiele für die Weitergabe von personenbezogenen Daten an Dritte können sein:

a) Weitergabe an Dienstleister
Insbesondere im Rahmen von Vertragsschlüssen über die Website werden personenbezogene Daten oftmals an Dienstleister (z.B. Zulieferer) weitergegeben. Dienstleister können jedoch auch alleine im Interesse des Websitebetreibers tätig werden (z.B. technischer Service).

b) Bezahldienste und Payment-Verfahren
Einen Sonderfall der Weitergabe an Dienstleister stellt die Weitergabe der Daten an Bezahldienste dar.

c) Third-Party-Cookies
Die Einbindung von eigenen Cookies ist Teil der Musterdatenschutzerklärung (B.V.). Oftmals werden darüber hinaus auch Cookies von Drittanbietern eingesetzt. Diese sind detailliert zu beschreiben. Die Nutzer sind auf die Verwendung von Third-Party-Cookies beim Aufruf der Website hinzuweisen. Eine Verhinderungsmöglichkeit zur Speicherung dieser Cookies findet sich in den Einstellungen des Browsers. Rechtsgrundlage für die Verwendung von Third-Party-Cookies ist Art. 6 Abs. 1 lit. f DS-GVO. Es muss dann jedoch auch im Einzelfall ein berechtigtes Interesse für den Einsatz des Cookies angeführt werden.

d) Einsatz von Social-Media-Plugins
Beim Einsatz von Social-Media-Plugins werden personenbezogene Daten der Nutzer an die Anbieter sozialer Netzwerke weitergeleitet. Nach bisheriger Rechtslage war es empfehlenswert, derlei Plugins nur im Rahmen einer „Zwei-Klick-Lösung" zu nutzen. Demnach wurden die Daten erst nach vorheriger Einwilligung des Nutzers übermittelt. Auch nach Einführung der DS-GVO ist dieser Weg gangbar und wohl rechtssicher. Rechtsgrundlage für die Verarbeitung der Daten nach einer Einwilligung des Nutzers ist Art. 6 Abs. 1 lit. a DS-GVO.

e) Websiteanalysedienste
Websiteanalysedienste (z.B. Google Analytics oder Adobe Analytics) zur Effizienzsteigerung der eigenen Website, die von Drittanbietern betrieben werden, erfordern die Weitergabe von Daten über die Websitebesucher an die Drittanbieter. Eine Einwilligung der Nutzer wird dabei in aller Regel nicht eingeholt. Denkbar ist eine Rechtfertigung über Art. 6 Abs. 1 lit. f DS-GVO, wenn ein berechtigtes Interesse des Websitebetreibers vorgebracht werden kann. Um die Interessen der Nutzer am Schutz ihrer personenbezogenen Daten zu schützen, ist jedoch eine Pseudonymisierung der Daten ratsam. In diesem Fall wird wohl nichts gegen den Einsatz der Analysedienste und die damit verbundene Weitergabe der pseudonymisierten Daten sprechen. Der genaue Einsatz ist in der Datenschutzerklärung zu dokumentieren.

f) Anzeigen- und Marketing-Dienste
Wird auf der Website Werbung geschaltet, so geschieht dies in der Regel unter Einbeziehung von Drittanbietern (z.B. Google AdSense oder AdWords). Meist findet dabei eine Weitergabe von personenbezogenen Daten der Nutzer in Form der IP-Adresse an die Vermittler statt. Ist die Werbung zur Finanzierung der Website erforderlich, so erscheint eine Rechtfertigung nach Art. 6 Abs. 1 lit. f DS-GVO möglich.

II. Vorgaben für das Hinzufügen weiterer Elemente

Die Ergänzung der Musterdatenschutzerklärung um weitere Elemente hat Art, Umfang Zweck, Dauer und Widerrufsmöglichkeiten der jeweiligen Datenverarbeitung zu nennen. Der Aufbau könnte dabei folgendermaßen gestaltet werden:

1. Umfang der Verarbeitung personenbezogener Daten
Hier wird möglichst detailliert beschrieben, welche personenbezogenen Daten auf der Website durch wen auf welche Weise verarbeitet werden.

2. Rechtsgrundlage für die Verarbeitung personenbezogener Daten
Hier wird die Rechtsgrundlage für die Verarbeitung der personenbezogenen Daten genannt. In der Regel wird diese aus dem Katalog des Art. 6 Abs. 1 DS-GVO stammen.

3. Zweck der Datenverarbeitung
Hier wird detailliert beschrieben, welche Zwecke der Websitebetreiber mit der Verarbeitung der personenbezogenen Daten bezweckt. Wird die Verarbeitung auf die Norm des Art. 6 Abs. 1 lit. f DS-GVO gestützt, wird in der Regel hierin auch das berechtigte Interesse an der Verarbeitung zu sehen sein. In diesem Fall ist jedoch stets zu prüfen, ob zur Erreichung desselben Zwecks gleichgeeignete, aber auch mildere Mittel ersichtlich sind, die die Interessen der Nutzer am Schutz ihrer personenbezogenen Daten weniger stark beeinträchtigen.

4. Dauer der Speicherung
Grundsätzlich erfolgt eine Löschung der Daten, sobald der Zweck ihrer Erhebung erfüllt wurde. Es ist jedoch im Einzelfall näher anzugeben, wann dies für den konkreten Einsatzfall gegeben ist. Können keine genauen Angaben gemacht werden, so sind zumindest Kriterien zu nennen, die dem Nutzer eine Bestimmung des Löschungszeitpunktes erleichtern.

5. Widerspruchs- und Beseitigungsmöglichkeit
Für jede Datenverarbeitung sind dem Nutzer Informationen darüber zu geben, auf welche Weise die Verarbeitung der Daten verhindert werden kann oder bereits verarbeitete Daten vorzeitig gelöscht werden können. Hat der Nutzer zur Verarbeitung seine Einwilligung gegeben, so muss diese jederzeit widerrufen werden können. Der Widerruf darf dabei nicht schwerer sein als die Abgabe der Einwilligung. Das Vorgehen zur Abgabe des Widerrufs muss beschrieben werden.

9.7 Muster zur Erhebung der Informationspflichten bei personenbezogenen Daten der Beschäftigten

	Informationspflichten bei Erhebung personenbezogener Daten der Beschäftigten der UNTERNEHMEN GmbH	Ihr Logo
Datum:	Empfänger: UNTERNEHMEN GmbH, Ansprechpartner	Status: Zur Information

Informationspflichten bei Erhebung personenbezogener Daten der

Beschäftigten der UNTERNEHMEN GmbH

(Art. 13 Datenschutz-Grundverordnung (DS-GVO))

Inhalt

Informationspflichten bei Erhebung personenbezogener Daten der Beschäftigten der UNTERNEHMEN GmbH (Art. 13 Datenschutz-Grundverordnung (DS-GVO)) 1

1 Informationspflichten bei Erhebung personenbezogener Daten 3
   1.1 Verantwortlicher 3
   1.2 Datenschutzbeauftragte 3
   1.3 Zwecke und Rechtsgrundlagen der Verarbeitung Ihrer personenbezogenen Daten 3
      1.3.1 Konkrete Verarbeitungen auf Basis Ihrer Einwilligung (Art. 6 Abs. 1 lit. b DS-GVO) 3
         1.3.1.1 Zwecke der Verarbeitungen auf Basis Ihrer Einwilligung (Art. 6 Abs. 1 lit. b DS-GVO) 3
         1.3.1.2 Aufbewahrungsfrist der erhobenen Daten bei Verarbeitungen auf Basis Ihrer Einwilligung (Art. 6 Abs. 1 lit. b DS-GVO) 4
      1.3.2 Konkrete Verarbeitungen zur Vertragserfüllung (Art. 6 Abs. 1 lit. b DS-GVO) 4
         1.3.2.1 Zwecke der Verarbeitungen zur Vertragserfüllung (Art. 6 Abs. 1 lit. b DS-GVO) 4
         1.3.2.2 Aufbewahrungsfrist der erhobenen Daten bei Verarbeitungen zur Vertragserfüllung (Art. 6 Abs. 1 lit. b DS-GVO) 4
      1.3.3 Konkrete Verarbeitungen zur Erfüllung einer rechtlichen Verpflichtung (Art. 6 Abs. 1 lit. c DS-GVO) 4
         1.3.3.1 Zwecke der Verarbeitungen zur Erfüllung einer rechtlichen Verpflichtung (Art. 6 Abs. 1 lit. c DS-GVO) 5
         1.3.3.2 Aufbewahrungsfrist der erhobenen Daten bei Verarbeitungen zur Erfüllung einer rechtlichen Verpflichtung (Art. 6 Abs. 1 lit. c DS-GVO) 5
      1.3.4 Verarbeitungen auf Basis unseres berechtigten Interesses (Art. 6 Abs. 1 lit. f DS-GVO) 5
         1.3.4.1 Zwecke der Verarbeitungen auf Basis auf Basis unseres berechtigten Interesses (Art. 6 Abs. 1 lit. f DS-GVO) 5
         1.3.4.2 Aufbewahrungsfrist der erhobenen Daten bei Verarbeitungen auf Basis unseres berechtigten Interesses (Art. 6 Abs. 1 lit. f DS-GVO) 5
   1.4 Empfänger 6
   1.5 Übermittlung personenbezogener Daten in Drittstaaten 6
   1.6 Dauer der Speicherung 6
2 Rechte der betroffenen Person 6
   2.1 Recht auf Auskunft 6
   2.2 Recht auf Berichtigung 7
   2.3 Recht auf Einschränkung der Verarbeitung 7
   2.4 Recht auf Löschung 8
   2.5 Recht auf Unterrichtung 9
   2.6 Recht auf Datenübertragbarkeit 9
   2.7 Widerspruchsrecht 9
   2.8 Recht auf Widerruf der datenschutzrechtlichen Einwilligungserklärung 10
   2.9 Automatisierte Entscheidung im Einzelfall einschließlich Profiling 10
   2.10 Recht auf Beschwerde bei einer Aufsichtsbehörde 11

2.11	Verpflichtung zur Bereitstellung Ihrer personenbezogenen Daten	11
3	**Informationspflichten bei Inanspruchnahme eines betrieblichen Eingliederungsmanagements (BEM)**	**12**
3.1	Beschreibung und Umfang der Datenverarbeitung	12
3.2	Rechtsgrundlage für die Datenverarbeitung	12
3.3	Zweck der Datenverarbeitung	12
3.4	Dauer der Speicherung	12
4	**Informationspflichten bei Dienstwagennutzung (Fuhrpark)**	**13**
4.1	Beschreibung und Umfang der Datenverarbeitung	13
4.2	Rechtsgrundlage für die Datenverarbeitung	13
4.3	Zweck der Datenverarbeitung	13
4.4	Dauer der Speicherung	13
5	**Informationspflichten bei Führerscheinkontrolle**	**14**
5.1	Beschreibung und Umfang der Datenverarbeitung	14
5.2	Rechtsgrundlage für die Datenverarbeitung	14
5.3	Zweck der Datenverarbeitung	14
5.4	Dauer der Speicherung	14
6	**Informationspflichten zur Aufbewahrung Ihrer erfolgreichen Bewerbungsunterlagen**	**15**
6.1	Beschreibung und Umfang der Datenverarbeitung	15
6.2	Rechtsgrundlage für die Datenverarbeitung	15
6.3	Zweck der Datenverarbeitung	15
6.4	Dauer der Speicherung	15
7	**Informationspflichten für Beschäftige aus dem Vertrieb**	**16**
7.1	Beschreibung und Umfang der Datenverarbeitung	16
7.2	Rechtsgrundlage für die Datenverarbeitung	16
7.3	Zweck der Datenverarbeitung	16
7.4	Dauer der Speicherung	16
8	**Informationspflichten für …**	**17**
8.1	Beschreibung und Umfang der Datenverarbeitung	17
8.2	Rechtsgrundlage für die Datenverarbeitung	17
8.3	Zweck der Datenverarbeitung	17
8.4	Dauer der Speicherung	17

9.8 Technische und organisatorische Maßnahmen gemäß Artikel 32 DS-GVO

Technische und organisatorische Maßnahmen gemäß Artikel 32 DS-GVO

Inhalt

1. Revisionshistorie 2
2. Ziel dieses Dokumentes 2
3. Pseudonymisierung und Verschlüsselung 2
   - 3.1. Pseudonymisierung 2
   - 3.2. Verschlüsselung 2
4. Vertraulichkeit, Integrität, Verfügbarkeit und Belastbarkeit 2
   - 4.1. Vertraulichkeit 3
   - 4.2. Integrität 4
   - 4.3. Verfügbarkeit 4
   - 4.4. Belastbarkeit 4
5. Wiederherstellung 5
6. Überprüfung, Bewertung und Evaluierung 5
7. Kontakt 5

9.9 Verzeichnis von Verfahrenstätigkeiten

Im Download-Bereich zu diesem Buch finden Sie eine Vorlage (Excel-Tabelle), die Ihnen die Erstellung eines praxistauglichen Verzeichnisses von Verfahrenstätigkeiten (VVT) für Ihr Unternehmen ermöglicht. Die für das VVT erforderlichen Angaben werden in einer verständlichen, leicht zu bearbeitenden Vorlage, dem Verarbeitungs-Meldebogen dokumentiert. Für jede Verarbeitungstätigkeit wird ein solcher Meldebogen erstellt. Dazu finden Sie im Download-Bereich das Dokument VVT-Meldebogen, das auch ausführliche Ausfüllhinweise enthält.

Der VVT-Meldebogen befindet sich aufgrund der Neuheit der zugrundeliegenden Regelungen im Stadium der fortwährenden Entwicklung. Das Ursprungsdokument wie auch Teile der folgenden Ausfüllhinweise basieren auf einer unverbindlichen Empfehlung des Bayerischen Landesamtes für Datenschutzaufsicht und wurde von der rehm Datenschutz GmbH basierend auf eigenen Erfahrungen im Beratungsalltag aus dem öffentlichen wie auch nicht öffentlichen Bereich ergänzt.

10 Glossar

Auftragsverarbeiter: Eine natürliche oder juristische Person, Behörde, Einrichtung oder andere Stelle, die personenbezogene Daten im Auftrag des Verantwortlichen verarbeitet (siehe auch Kapitel 4).

Berechtigtes Interesse: Die ↗Verarbeitung der Daten durch den ↗Verantwortlichen kann – sofern ein berechtigtes Interesse besteht – rechtmäßig sein. Das berechtigte Interesse liegt vor, sofern die Interessen oder die Grundrechte und Grundfreiheiten der ↗betroffenen Person nicht überwiegen. Dabei sind die **vernünftigen Erwartungen der betroffenen Person**, die auf ihrer Beziehung zu dem Verantwortlichen beruhen, zu berücksichtigen. Ein solches berechtigtes Interesse liegt bspw. i.d.R. dann vor, wenn eine maßgebliche und angemessene Beziehung zwischen betroffener Person und dem

Verantwortlichen besteht (z.B. betr. Person ist Kunde oder Dienstleister des Verantwortlichen). Weitere Beispiele sind etwa Betrugsprävention, Direktwerbung, Übermittlung von Kunden- und Beschäftigtendaten innerhalb einer Unternehmensgruppe sowie die Wahrnehmung etwaiger Rechte auf Meinungs- und Informationsfreiheit und die Überwachung von Arbeitnehmern aus Sicherheitsgründen.

Die Verarbeitung muss **zur Verwirklichung** des berechtigten Interesses **erforderlich** sein, wobei es hier regelmäßig zu unterschiedlichen Abwägungsergebnissen je nach Einzelfall kommen kann.

Betroffene Person/Betroffener: Natürliche Person, auf die sich die ↗personenbezogenen Daten beziehen.

BSI: Bundesamt für Sicherheit in der Informationstechnik. Hier erhalten Sie aktuelle Informationen zu Themen rund um die IT-Sicherheit.

CNIL: Französische Datenschutz-Aufsichtsbehörde, welche einen der DS-GVO angepassten, vier-stufigen Leitfaden zur Datensicherheit bereitstellt.

Demingkreis: Datenschutz-Management-System nach W. Edwards Deming. Zyklisch aufgebaut mit der Idee der fortlaufenden Verbesserung des Systems im Zuge der Anwendung der zyklischen Methodik.

DIN 66398: Norm für ein effizientes Löschkonzept, welches eine Leitlinie zur Entwicklung eines Löschkonzepts mit Ableitung von Löschfristen für personenbezogene Daten beinhaltet.

Dritter: Eine natürliche oder juristische Person, Behörde, Einrichtung oder andere Stelle, außer der betroffenen Person, dem Verantwortlichen, dem Auftragsverarbeiter und den Personen, die unter der unmittelbaren Verantwortung des Verantwortlichen oder des Auftragsverarbeiters befugt sind, die personenbezogenen Daten zu verarbeiten.

Einwilligung: Eine Einwilligung ist jede freiwillig für den bestimmten Fall durch die ↗betroffene Person abgegebene Willensbekundung in Form einer Erklärung oder einer sonstigen eindeutigen Handlung, mit der die betroffene Person ihr Einverständnis zur ↗Verarbeitung der Daten gibt (vgl. Art. 4 Nr. 11 DS-GVO).

Folgenabschätzung, Datenschutz- (DSFA): Vorab-Abschätzung der Folgen einer vorgesehenen Datenverarbeitung, welche voraussichtlich ein hohes Risiko für die Rechte und Freiheiten natürlicher Personen hat, um diese zu schützen. Insbesondere relevant bei Verwendung neuer Technologien und in Art. 35 DS-GVO bestimmt.

Geeignete Garantie: Insbesondere im Hinblick auf Fachwissen, Zuverlässigkeit und Ressourcen müssen hinreichende Garantien dafür geboten sein, dass technische und organisatorische Maßnahmen – auch für die Sicherheit der Verarbeitung – getroffen werden, die den Anforderungen der DS-GVO genügen. Die Einhaltung genehmigter Verhaltensregeln oder eines genehmigten Zertifizierungsverfahrens kann als Faktor herangezogen werden, um die Erfüllung der Pflichten nachzuweisen.

Governance: Die sog. Datenschutz-Governance fällt in den Aufgabenbereich u.a. des Datenschutzbeauftragten und meint z.b. gem. Art. 39 Abs. 1 lit. b DS-GVO u.a. die Überwachung der Einhaltung der DS-GVO durch den Verantwortlichen, die Zuweisung von Zuständigkeiten sowie die Sensibilisierung und Schulung.

KMU: Kleine und mittelständische Unternehmen.

Management, Datenschutz: Management, das die Einhaltung der Gesetze und den Schutz ↗personenbezogener Daten in Unternehmen, öfftl. Stellen, Vereinen, etc. sicherstellen soll.

Personenbezogene Daten + besondere Kategorie: Alle Informationen, die sich auf eine identifizierte oder identifizierbare natürliche Person beziehen. Eine natürliche Person ist identifizierbar, wenn sie direkt oder indirekt, insbesondere mittels Zuordnung zu einer Kennung wie einem Namen, zu einer Kundennummer, zu Standortdaten, zu einer Online-Kennung oder zu einem oder mehreren besonderen Merkmalen, die Ausdruck der physischen, physiologischen, genetischen, psychischen, wirtschaftlichen, kulturellen oder sozialen Identität dieser natürlichen Person sind, identifiziert werden kann. Des Weiteren gibt es eine besondere Kategorie personenbezogener Daten. Gemeint sind hierbei besonders sensible Daten wie solche, aus denen sich bspw. rassische Herkunft, politische Meinung, religiöse Überzeugung oder sexuelle Orientierung hervorgehen (vgl. Art. 9 Abs. 1 DS-GVO). Hier ist höchste Vorsicht geboten, da die ↗Verarbeitung ein hohes Risiko für die Grundrechte und Grundfreiheiten der betroffenen Personen birgt.

Profiling: Jede Art der automatisierten ↗Verarbeitung ↗personenbezogener Daten mit dem Ziel der Bewertung und Analyse einer natürlichen Person, hinsichtlich deren Merkmalen wie bspw. Arbeitsleistung, Gesundheit, Interessen Aufenthaltsort etc. (vgl. Art. 4 Nr. 4 DS-GVO).

SFTP-Server, SSL: Bestandteil zur Sicherung von Prozessen auf Servern mit Hilfe von Verschlüsselung. (vgl. Art. 32 DS-GVO).

Verarbeitung: Der Begriff der Verarbeitung ist – jedoch nicht abschließend – in Art. 4 Nr. 2 DS-GVO bestimmt. Demnach meint „Verarbeitung" zusammengefasst jeden mit oder ohne Hilfe automatisierter Verfahren ausgeführten Vorgang im Zusammenhang mit ↗personenbezogenen Daten wie bspw. das Erheben, Ordnen, Speichern, Verändern, Übermittlung u.v.m.

Verantwortlicher: Die natürliche oder juristische Person, Behörde, Einrichtung oder andere Stelle, die allein oder gemeinsam mit anderen über die Zwecke und Mittel der Verarbeitung von personenbezogenen Daten entscheidet [...].

Vergessenwerden, Recht auf: Recht auf Löschung.

11 Literatur

Bundesdatenschutzgesetz – BDSG vom 14. Januar 2003 (BGBl. I S. 66); am 25. Mai 2018 durch Art. 8 Datenschutz Anpassungs- und Umsetzungsgesetz EU (DSAnpUG-EU) vom 30. Juni 2017 (BGBl. I S. 2097) außer Kraft gesetzt.

Bundesdatenschutzgesetz – BDSG vom 30. Juni 2017 (BGBl. I S. 2097); als Art. 1 Datenschutz Anpassungs- und Umsetzungsgesetz EU (DSAnpUG-EU) vom 30.6.2017 (BGBl. I S. 2097) vom Bundestag mit Zustimmung des Bundesrates beschlossen und am 25. Mai 2018 in Kraft getreten.

Datenschutz-Grundverordnung –DSGVO: Verordnung (EU) 2016/679 des Europäischen Parlaments und des Rates vom 27. April 2016 zum Schutz natürlicher Personen bei der Verarbeitung personenbezogener Daten, zum freien Datenverkehr und zur Aufhebung der Richtlinie 95/46/EG (ABl. Nr. L 119 vom 04.05.2016 S. 1)

EHMANN, E., KRANIG, TH. (2017): „Erste Hilfe zur Datenschutz-Grundverordnung". C. H. Beck Verlag.

KAMANN, H.-G., BRAUN, M. (2017): Art. 21, Rdnr. 10. in: Ehmann, E., Selmayr, M.: „DS-GVO – Datenschutz-Grundverordnung". Beck'sche Kurz-Kommentare, C. H. Beck Verlag.

SACHS, A., KRANIG, TH., GIERSCHMANN, M. (2017): „Datenschutz-Compliance nach der DS-GVO" Bundesanzeiger Verlag.

12 Stichwortverzeichnis

A
Ablauf eines Auskunftersuchens 63
Arbeitshilfen 94
Archivierung von Daten 75
Aufbewahrungsfristen 74
Aufgaben 12
Aufgaben des Datenschutz-
   beauftragten 15
Aufsichtsbehörde 12, 17
Auftragskontrolle 69

Auftragsverarbeiter 41, 66, 116
Auftragsverarbeitung 44
Auskunftsersuchen 62
Auswahl des Auftragnehmers 48
Auswahl des Auftragsverarbeiters
   48
Auswirkung 73

B
Benennung 11
Benennungspflicht 14

Benennungsurkunde für Datenschutzbeauftragte 96
Beratungspflichten 15
Bereitstellung von Informationen 50
Berichtswege 14
Betroffenenrechte 52, 57
Bewertung der Wirksamkeit 69
Bilden von Löschklassen 75

C
CMS 21
Compliance Management System 21
Compliance Planung 103
Compliant 21

D
Datengeheimnis 49
Datenschutzfolgenabschätzung 79, 81
Datenschutz-Governance-Struktur 23, 105
Datenschutzhandbuch 25
Datenschutzleitlinie 25
Datenschutzmanagement-Software 79
Datenschutzmanagement-System 76
Datenschutzverstöße 87
Datenschutzziele 23, 108
Demingkreis 77
Dienste der Infogesellschaft 59
DIN 66398 75
Direktes Anrufungsrecht 14
Direktwerbung 61
Dokumentationspflichten des Auftragnehmers 50
Dritter 116
DS-GVO – Compliance Planung 103

E
Einbindung neuer Dienstleister 51
Einführungsschulung 18
Eingabekontrolle 69
Erfüllung der Betroffenenrechte 62
Erhebung personenbezogener Daten 112
Ermöglichung von Überprüfungen 50
externe Betroffene 55
externe Dienstleister 42

F
Festlegung der Datenschutzziele 108
Fristen 54
Fristen zur Umsetzung der Betroffenenrechte 62

G
Geeignete Garantie 116
Governance-Struktur 23, 105

I
Implementierungskosten 70
Inanspruchnahme fremder Fachleistungen 42
Informationspflichten 52
Interessenskonflikte 18

K
Kinder 59
Kontrollieren 16

L
Löschklassen 75
Löschkonzept 74
Löschprozesse einrichten 76
Löschregeln definieren 75
Löschung nach Vertragsbeendigung 50

M

Meldung an die Aufsichtsbehörde 89
Meldung an die betroffenen Personen 90
Meldung von Datenschutzverstößen 91
Mindestanforderung 18
Musterdatenschutzerklärung für Websitebetreiber 109

O

Organisatorische Maßnahmen 67

P

Persönliche Voraussetzungen 17
Pflichten des Auftragnehmers 48
Plan-Do-Check-Act 77
Prozesshandbücher 25
Pseudonymisierung 68

R

Recht auf Auskunft 57
Recht auf Berichtigung 58
Recht auf Datenübertragbarkeit 60
Recht auf Einschränkung der Verarbeitung 59
Recht auf Löschen 58
Recht auf Widerspruch 60
Ressourcen 12
Risikobewertung 69, 72, 73
Risikoorientierte Aufgabenerfüllung 17
Rolle des Datenschutzbeauftragten 14

S

Schadenshöhe 73
Schlüsselverwaltung 38
Sonderfall Auftragsverarbeitung 76

Stand der Technik 70
ständige Beschäftigung 13

T

Technische Maßnahmen 67
Technische und organisatorische Maßnahmen 65, 114
TOMs 65
Trennungskontrolle 69

U

Überwachen 16
Umsetzungsverantwortung 15
Unterauftragnehmer 49
Unterrichtungspflicht 15
Unterstützungspflichten 49

V

Verantwortlicher 14, 65, 117
Verantwortlichkeitsstruktur 21
Verantwortung 14
Verarbeitungstätigkeit 29, 38
Verarbeitungsübersicht 28
Verfahrensverzeichnis 28
Verfügbarkeitskontrolle 69
Verpflichtungserklärung 97
Verschlüsselung 68
Vertrag zur Auftragsverarbeitung 46
Vertraulichkeit gewährleisten 18
Verzeichnis von Verarbeitungstätigkeiten 28
VVT 28
VVT für Auftragsverarbeiter 41

W

Websitebetreiber 109
Weisungsfreiheit 14
Weitergabekontrolle 68
Wirksamkeit der Benennung 12

Z

Zeitkontingent 12
Zugangskontrolle 68
Zugriffskontrolle 68
Zusammenarbeit mit der
  Aufsichtsbehörde 17
Zusammenfassen zu
  Datenarten 75
Zutrittskontrolle 68